小学校入試対策

パーフェクト　過去問題

行動観察
（絵画制作・運動・指示行動）

JN118977

パーフェクト　過去問題　「行動観察」　目次

Contents

【国立】

文京区	お茶の水女子大学附属小学校	4
	筑波大学附属小学校	10
	東京学芸大学附属竹早小学校	15
世田谷区	東京学芸大学附属世田谷小学校	17
練馬区	東京学芸大学附属大泉小学校	18
小金井市	東京学芸大学附属小金井小学校	19
さいたま市	埼玉大学教育学部附属小学校	21
千葉市	千葉大学教育学部附属小学校	24

【私立】

千代田区	暁星小学校	25
	白百合学園小学校	28
	雙葉小学校	31
港区	聖心女子学院初等科	33
	東洋英和女学院小学部	35
新宿区	学習院初等科	38
品川区	小野学園小学校（品川翔英小学校）	41
文京区	日本女子大学附属豊明小学校	42
世田谷区	成城学園初等学校	46
	昭和女子大学附属昭和小学校	47
	田園調布雙葉小学校	49
	東京都市大学付属小学校	51
渋谷区	東京女学館小学校	52
	青山学院初等部	55
	慶應義塾幼稚舎	57
中野区	新渡戸文化小学校	66
杉並区	立教女学院小学校	67
	光塩女子学院初等科	69
豊島区	立教小学校	71
	川村小学校	83
北区	聖学院小学校	85
	星美学園小学校	87
板橋区	淑徳小学校	88
武蔵野市	成蹊小学校	89
	武蔵野東小学校	92

三鷹市	明星学園小学校	93
国分寺市	早稲田大学系属早稲田実業学校初等部	94
調布市	桐朋小学校	101
	晃華学園小学校	103
府中市	明星小学校	104
国立市	国立学園小学校	106
	桐朋学園小学校	107
小平市	東京創価小学校	110
市川市	日出学園小学校	111
	昭和学院小学校	114
	国府台女子学院小学部	117
船橋市	千葉日本大学第一小学校	118
松戸市	聖徳大学附属小学校	120
川越市	星野学園小学校	121
さいたま市	開智小学校（総合部）	122
	さとえ学園小学校	125
狭山市	西武学園文理小学校	128
川崎市	カリタス小学校	131
	洗足学園小学校	133
	桐光学園小学校	136
横浜市	関東学院小学校	137
	慶應義塾横浜初等部	138
	精華小学校	141
	桐蔭学園小学校	143
	森村学園初等部	144
	横浜雙葉小学校	146
藤沢市	湘南白百合学園小学校	149
	湘南学園小学校	151
取手市	江戸川学園取手小学校	152
つくばみらい市	開智望小学校	156
守谷市	つくば国際大学東風小学校	157

お茶の水女子大学附属小学校

〒112 − 8610 東京都文京区大塚 2-1-1　☎ 03（5978）5875

絵画制作

《ジェットコースター》

● 紙コップをらせん状にクルクルと切り、上の部分を少し残す。台紙に書いてある 4 本の線を切りこみ、そこに紙コップをはさみ入れて、セロテープやノリで留める。台紙の端の部分を切って、ジェットコースターの乗客の絵を描き、貼る。出来上がったら台紙の周りに絵を描く。

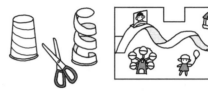

《スベリ台》

● 紙コップの 2 カ所に切り込みを入れ、切り取る。切り取った 2 枚を貼り合わせて長くする。紙コップを逆さまにして台紙にノリづけして固定。長い紙は、両端にノリをつけて紙コップに組み合わせる。台紙の一部を切り取って、好きな動物の絵を描き、紙を少し折りスベリ台に貼る。出来たら、すべり台を塗ったりする。

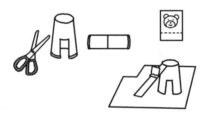

《トンネル》

● 紙コップに 2 カ所、切り込みを入れ、切り取る。紙テープ 2 本を道にみたてて、台紙にのりづけする。その後、紙コップのトンネルをその道の上に貼る。台紙の一部を切って、そこに車の絵を描き、端を少し折って貼る。

《カバン》

● 画用紙を半分に折り、両脇は別の画用紙でジャバラ折をつくってから貼る。取っ手の部分は、形をハサミで切り、本体に貼る。
　折り紙に書かれたクリスマスツリーはハサミで切り、月は手でちぎって 1 面ずつに貼る。2 色のビーズを順番に紐通しをして、取っ手のところに結ぶ。

《カエルと葉っぱと魚》

● 画用紙に描かれたカエルの顔の部分をハサミで切り、紙コップに貼る。目と口はシールを貼る。コップの周りを毛糸で1周し、蝶結びをする。
　葉っぱは葉脈の部分に長さを合わせた毛糸をテープで貼る。そして、まわりを手でちぎる。魚はハサミで切る。指示されたところに、つくったものを貼ったり置いたりする。

《お弁当》

● 紙コップの中に折り紙を細かくちぎって入れ、ジュースをつくる。紙を丸めておにぎりの形にして、黒折り紙の海苔を貼る。桃折り紙を2か所ねじって、モールで留めて飴をつくる。

《魚》

● 紙皿を半分に折る。黒シールを両面に貼り"目"にする。胸ひれ、尾ひれを手でちぎる。ウロコはハサミで切り取る。紙皿に胸ひれ、ウロコ、尾ひれをのりで貼る。尾ひれにひもを巻き付けるように、蝶結びをする。

《宇宙》

● 三日月と星の形をハサミで切り取り、黒の台紙に貼る。赤と白の折り紙を半分にちぎって、折って重ね、ロケットにしてセロテープで貼る。ロケットの窓を水色のクーピーで塗る。

《風車》

● 風車の羽根・台座は、木片（カプラ）で型を取る。羽根は木片1本分、台座は木片2本分の大きさになるように、赤と黄色の紙に鉛筆でなぞり、ハサミで切り取る。羽根の中央あたりにパンチで穴をあけ、割りピンで留める。黄色の紙は表裏に縞模様が描かれている。割りピンで留めるときは、表裏2枚ずつ見えるようにする。最後に自分の番号が書かれたシールを貼る。

《アオムシ》

● 紙コップ、緑の画用紙、穴開けパンチ、釘、ハサミなどを使用する。

《人形》

● 画用紙、クーピー、穴開けパンチ、ハサミ、ノリなどを使用する。

《本》

● 家の形が半分描いてあり、残りの半分を描いて、はさみで切り台紙に貼る。次にクリスマスツリーの形を手でちぎり、貼る。次にくつ下の形が描いてある紙の周りに、ビーズを通したひもをかた結びしてセロハンテープで貼る。これらの台紙をのりで貼り合わせて本の形にする。

● 青い紙にお手本が描いてあり、ピンクの紙の右側にお手本通りに描いて、はさみで切る。三角の形を手でちぎり、のりで貼って本にする。ひもにビーズを通してセロハンテープで貼る。

● 紙に描かれた雲と飛行機の形をはさみで切りとり、ネコ・パンダ・風船のカードといっしょに台紙に貼る（のりとセロハンテープ使用）。カエルや魚を切って貼る。

● 画用紙を折ってハサミで切れ目を入れる。折り直して本の形にする。見開きのページの左右に、同じ種類のもの同士がくるようにノリで貼る。
本を閉じてひもで結ぶ。蝶結びでも固結びでもよい。

《魔法のスティック》

● 星の形2枚を好きな色で塗ったり、模様を描いたりしたあと、ハサミで切り、ノリで貼り合わせる。割り箸に赤いビニールテープを巻き、貼り合わせた星を挟む。

《ロールケーキ》

● 薄紙の上に色つきの厚紙（10cm×20cmくらい）と綿をのせて巻きセロテープで留める。その上に用意されているふわふわした軽いボールをセロテープでつける。

《指示制作》

● 💃の形を切り取り、のりで紙に貼る。
○△の形を切り取り、指示通り左右同じ色形が並ぶよう貼り、リボン結びをする。4個の穴があいている紙に、紐とチェーンリングを通す。

● 穴が2つあいている紙に、同じく穴のあいた△と□を重ねて紐で結ぶ。「△は左に、□は右に」という指示がある。

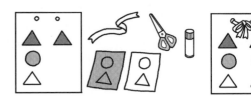

《自由制作》

● 好きな材料を選んで、道具のあるポリケースの周りで好きなものをつくる。お友達と協力して、いっしょにつくってもよいし、1人でもよい。終わったら挙手をして、何をつくったか発表する。
牛乳パック・お菓子箱・深めの紙皿・ポリ袋・紙皿など。

指示行動

● はじめに先生と子ども全員で、足ジャンケン。その後、子ども同士で足ジャンケンをする。勝った人は手を
あげる。
● 円になって片方の人差し指を立て、もう片方の手は人差し指が入る穴をつくる。隣の人の穴に人差し指を出
し入れするゲーム。「たこ焼き」と言われたら、穴を開けた手は握り、人差し指は逃げる。「たんぽぽ」「た
い焼き」「たぬき」「たいこ」などフェイントを入れて遊ぶ。

● カラー帽子で5人ずつのグループに分かれる。かごの中に入っているものを使って、工夫しながらグループ
で相談して遊んでよい。（ゴルフ、ボウリング、輪投げ、ダーツ、玉入れ、プラレールなどの遊ぶものはあるが、
玉が足りなかったりするので、紙を丸めて、アルミホイルで包んで、玉をつくったりする）
グループによってはかごから材料を各自持ってきて、相談しながらいろいろ作品を考えるという、制作のみ
もありました。
● 模造紙に☆（スタート）と家（ゴール）、川とサイコロの絵が描いてある。5人グループで、スタートからゴー
ルまで進むマス目を書いていく。マス目はガムテープを置いて、鉛筆でテープのまわりをなぞるようにして
書く。サイコロの絵は、そこに止まるともう1度振れるという約束のため、マス目としてつなげるように指
示がある。また、川の所は1か所だけ橋を架けるように指示がある。作成後はみんなで遊ぶ。

● 「猛獣狩りに行こうよ」に合わせて、言われた動物の名前の音の数と同じ人数になって手をつないで座わる。

[魚釣りゲーム]
● 5人グループで封筒の中に入っている魚のパーツを取って、ゼムクリップで合体して魚の形にする。その魚
を使って遊ぶ。

[みかんゲーム]
● プラスチック製（半分に割れるもの）のミカンを使って、「半分にしてから食べるまねをしましょう。おい
しそうに食べてください」と言われ、それを繰り返す。

[おみこしつくり]
● パイプの2本の真ん中に板がついている。そこに赤と白のリボン
で段ボール箱を結びつける。そのあとみんなで担ぐ練習をする。

● 4～5人で遊園地の絵をクレヨンで描く。
　遊園地の中を汽車が走るという指示があり、線路を描き、ほかにそ
れぞれ好きなものを描いて仕上げる。出来上がったら皆で汽車を走
らせて遊ぶ。

● 4～5人でボール転がしゲームをつくる。（お手本あり）
　発泡スチロールのような板に、つまようじを刺し、そこに輪ゴムをかけ、道をつくる。板の途中に穴が開い
ているので、落ちないようにするためにはどうすればよいか、相談しながら遊ぶ。

● 入り口と出口の印が描かれている模造紙に、道や建物などを描く。描き終わると、トミカなどの乗り物のお
もちゃを渡され、みんなで遊ぶ。

● 輪投げをつくり、できたグループはそれを使って遊ぶ。
　（牛乳パック・新聞紙・ラッピング用プチプチ・のり・セロテープ・ひもを使用）

● 4～5人で重さ比べをする。シーソーの秤に、「積み木・トランプ・キューブ・ボール」「のり・トランプ・お手玉・
木の筒」などをのせ、重さを比べ、重い順に並べる。

● 音楽に合わせて自由に踊る。動物になって踊る。

● 自由遊び（課題をおこなったグループで）
　ドミノ・ボーリング・ジェンガ・輪投げ・トランプ・ストラックアウト・黒ひげ危機一髪などのおもちゃの
中から遊ぶものを相談して決め遊ぶ。

● 4人グループに分かれ、空き箱や段ボールを使って、自由に家や動物などをつくる。

個　別

[逆さ言葉]
● iPad で「ワニ」を見せられて、これを後ろから読むと「にわ」になります。ではこれはどうなりますか。「傘」「イカ」などの絵をみて答える。

[記憶]
● iPad で表示される写真や絵を見ながら質問される。「雨の日、幼稚園で何をしますか」「ブタ→牛の絵、途中で何が出ましたか」

[比べる・分ける]
● 本物のお菓子（おせんべい5枚、駄菓子のヨーグルト5個）を見せられて、「どちらが多いですか」「3枚のおせんべいを、4つのお皿に分けるにはどうしますか」。

[お話つくり]
● 雨の中、傘を差して歩いている男の子の絵。次の2場面はなにも描かれていない。そして最後は、寝ている男の子の絵を出されて、何も描かれていない2つ場面は、どんな絵があるといいですかと質問される。

[話の順番]
● 神社の話を聞いて、絵を順番に並べて絵本にする。

[お弁当詰め]
● 大小2つのお弁当箱を見て、どちらがたくさん入りますか（どちらがぴったり入りますか）と質問され、次に小さなお弁当箱を渡され、「この中にお弁当をぎっちり詰めてみましょう」と言われる。紙とガムテープでつくられたおにぎり2個、おもちゃのトマト、キュウリ、卵焼き、ブロッコリー、エビフライなどが用意されている。

[お弁当包みの柄当て]
● お弁当を包んでいる布をよく観察して、広げるとどんな柄になるか、4つの布から選ぶ。

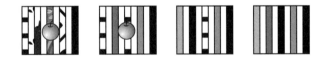

● 「ピクニックに行くことになっていますが、雪が降るかもしれないそうです。いらない物を選びましょう」と言われ、実物から選ぶ。そしてそれはなぜかを説明する。

● カードの中から遊びたいものを選ぶ。

● カードの品物を仲間分けする。

● 三角、四角、台形、ひし形などの積み木を使って、お手本通りの形をつくる。

● 「ケーキの絵には三角、ごはんの絵には半丸、お茶の絵には丸を書きましょう」という指示を聞き、赤いクレヨンで紙に描かれた絵に印をつける。

筑波大学附属小学校

〒 112 − 0012 東京都文京区大塚 3 − 29 − 1 ☎ 03（3946）1391 〜 4

絵画制作

《応援マン》
● 紙に書かれた○を手でちぎり、目・鼻・口を描いて紙コップに貼る。紙コップには左右穴が開いていて、割り箸（竹ひご）を差し込む。一方折り紙を4分の一に折って、赤い○を書いた旗を、もう一方には粘土を丸めてつける。腰のところには綴りひもで蝶結びをする。

《お花のお家》
● ビニール袋の上部を折りたたみ、長四角のシールでとめる。そこにリボンを通して、1周したら玉結びをする。袋の中に赤い折り紙を四分の一サイズに折ったもの、手で○をちぎった紙に橙色で花を描いたものを入れる。

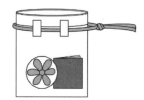

《UFO》
● 紙に書かれた☆の形を黄色で塗ってから、○を手でちぎり、紙皿の底（裏側）に貼る。四分の一サイズの折り紙を3回三角に折る。この三角の折り紙は、紙皿の表に貼り、1つの三角が垂直に立つようにする。紙皿の両端に穴が開いているので、それぞれの穴に綴りひもを通す。抜けないように玉留めしておく。そして両側の2本の紐を1つに束ねて玉結びをする。

紙皿表　　　紙皿裏

《お弁当の絵本》
● 2枚の紙はそれぞれ半分に折り、そのうち2枚を背中合わせにノリで貼る。穴の開いた台紙ページをめくると、右側にお弁当の絵となる。下の○のなかを赤く塗り、梅干しに見立てる。次のページにはウインナーの絵が描かれているので、その横に長丸にちぎった紙を貼り、中に黄色の丸シールを貼る。隣のページには、笑っている顔（目・鼻・口・髪の毛）を描く。最後に表紙の穴に紐を通して、蝶結びをする。

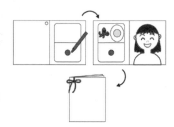

《クマ》
● クマの顔の一部が書かれた台紙があり、別紙の耳部分を手でちぎって右側にノリで貼る。右目のところに丸を描き、中に黒丸シールを貼る。鼻の穴は赤で塗る。四分の一の折り紙は三角に半分折りにして、口のところにノリで貼る。台紙の2つ穴に紐を通して蝶結びをする。

《女の子》
● 台紙には女の子の絵が描かれている。別紙の○の中を黄色で塗り、線に沿ってちぎる。ちぎった○はメダルに見立てて、胸のところの2本線の先にノリで貼る。腰のところの2つの穴に紐を通して、蝶結びをする。折り紙を4等分に折り、赤い丸シールをそこに貼る。手の先の線のところにノリで貼り、旗を持っているようにする。最後に粘土で靴をつくって足のところに置く。

《妖精のカード》

● 薄青の台紙に描かれた妖精が持っている杖を、茶色のクーピーで、靴を赤のクーピーで塗る。黄色の折り紙（本の大きさ）に描かれた三日月を手でちぎって、星の絵の斜め下にのりで貼る。綴りひも2本を台紙右上の点線枠に、白シールで貼り留める。その後、4つの穴に2本のひもを波縫いするように通して、最後の穴で蝶結び。青の折り紙で帽子をつくり、妖精の頭にのりで貼って完成。

《三角帽子》

● 黄色の台紙に書いてある線と線の間に、青のクーピーで波線を書く。リボンのところを赤のクーピーで塗る。外側の太線に沿って手でちぎる。ノリづけの部分の線に沿って山折りしてから、ノリをつけて円錐の形にする。その時、頂点のところは少し穴をあけておく。赤の綴りひもの真ん中で固結びをして、両サイドのひもを円錐の上の穴に内側から通し、最後に蝶結び。

《桃太郎》

● 桃色の折り紙に描かれた桃を手でちぎり、葉っぱのところに貼る。2つの穴に綴りひもを通して、蝶結びをする。粘土を半分にして丸め、2つの団子をつくる。そのうちの1つは紙ナフキンで包み、てるてる坊主のようにひねる。桃太郎の着物の袖の部分を赤のクーピーで塗る。包んだ粘土を、台紙の丸のところに置く。もう1つは好きなところに置く。最後に鬼の顔（目、鼻、口）を青で描く。

《赤ずきん》

● 紙を線に沿って丸くちぎる。オオカミの腹のところにノリで貼る。赤ずきんのエプロンを赤で塗る。粘土を2つにわけて、それぞれ丸めてオオカミの腹に置く。赤の折り紙を2回三角に折り、端を指でしぼめる。そのところに綴りひもを蝶結びにする。家の中のおばあさんの顔をクーピーで描く。メガネと口のしわも描くように指示がある。

《お家》

● 橙色の折り紙（半分の大きさ）を折って、テーブルをつくる（扉折り）。台紙に描かれたリンゴを赤のクーピーで塗り、その下にテーブルがくるようにノリで貼る。時計は丸く、手でちぎり左の上に貼る。台紙も上下半分に折り、テーブルを立つようにする。黒で書かれた絨毯の線は、青クーピーでなぞる。最後に右下の穴に赤の綴りひもを通して蝶結び。

《絵本》

- 黄色の三日月を手でちぎる。台紙（水色）に描かれた星を黄色のクーピーで塗る。ちぎった月を星の隣にノリで貼る。赤の折り紙（本大きさ）で、2回三角に折って帽子をつくる。小人の頭に貼り、3つの角には青で〇を書く。水色の用紙の下に白い紙を重ねて、左側の穴に、赤の綴りひもを通して蝶結びをする。できない人は細結びよい。

《玉入れ》

- 青の折り紙を線に沿って折り広げ、折れ線を引き裂き、2本の帯をつくる。両端にノリをつけて、玉が通るように台紙に貼る。残った折り紙は表でも裏でもよいので、丸めて玉をつくる。台紙の右上の〇は、赤と青のクーピーでそれぞれ塗る。最後に穴に紐を通して蝶結びにする。

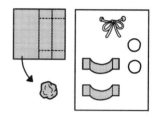

《ネコ》

- 目の描かれた台紙があり、なかを青クーピーで塗り、手でちぎる。それをビニール袋にノリで貼る。もう1つの目とひげは黒のクレヨンで描く。（目玉は塗らない）
赤の折り紙を4つ折りにし、最後に1枚だけ三角に折りあげる。この際に白いほうを表にして折っていくと、最後の三角で赤い面がでてくる。袋の端のところに帽子をかぶせるようにノリで貼り付ける。袋の下辺から吹いて、空気を入れて膨らませ、左右の端を方結びをする。

《お弁当》

- 台紙に書かれたブロッコリーを、緑のクーピーで塗り、おにぎりを手でちぎり貼ります。黄色折り紙は丸めて卵焼きに見立ててノリで貼り、赤シールを貼って、緑のクーピーでヘタを描いてトマトにする。最後に上部の穴に紐を通して、蝶結びをする。

《クリスマスリース》

- 台紙にリースの絵が描かれており、そこに別紙のベルの形を手でちぎり貼る。折り紙で花を折って貼る。2つの〇のうち、1つをクーピーで塗る。最後に上部の穴に紐を通して、蝶結びをする。

《カエル》

- 画用紙に描かれた目玉を丸く手でちぎり、もう片方は黒のクーピーで描く。台紙にあるしずくは青のクーピーで塗る。赤い折り紙は三角に半分折りし、目と口をノリで貼る。最後に上部の穴に紐を通して、蝶結びをする。

《ハートの信号》

● 台紙に描かれたハートを青クーピーで塗り、黄色の折り紙は半分に折った後で線の通りにちぎり、ハートの形をつくる。赤の折り紙は線が書いていないが、同じようにハートをつくる。ちぎったハートは、黄色、赤色の順に貼り、3つのハートを囲むように青クーピーで線を引く。

《旗》

● 折り紙を三角に2回折り、広げてから半分にちぎる。ちぎった紙を1枚だけ使い、青のクーピーで折れ線をなぞり、その後、赤のクーピーで左右に三角形を書く。ストローにひもを通して蝶結びをしたら、折り紙の1辺にのりをつけて、ストローをつけて完成。

《蝶》

● 大きな羽をちぎり、半分だけ書かれた蝶々の台紙に貼る。家に黄色い折り紙を三角に折って、同じように貼る。青い折り紙を筒状に丸めてのりで貼り、胴体にする。蝶々の触角や足を6本、黒クーピーで書く。最後に台紙の上の穴にひもを通して蝶結びをして完成。

《てるてるぼうず》

● 紙ナプキンの1枚は丸めて、もう1枚はそれを包んで、紐で首のところを蝶結びでとめて、てるてるぼうずにする。紙に雫が書かれていて、青クーピーで塗り、ちぎる。それを体に貼り、折り紙で三角形の帽子を折り、てるてるぼうずの頭にかぶせて完成。

《つくばちゃん》

● おにぎりののりの部分を黒クーピーで塗り、まわりの四角をちぎる。それを女の子が描かれた台紙に貼る。女の子の口の下に描いてある道を通りながら、先ほど貼ったおにぎりまでつながるように、線（矢印）を書きます。女の子の手にはバナナを持たせるように黄色のクーピーで描き、台紙の上に開いた穴に紐を通して蝶結びをする。最後に檻の中にキリンを描く。

《自転車に乗った男の子》

● 自転車に乗った男の子の絵があり、前輪は黒クーピーで描き、後輪はちぎって貼る。折り紙を折って帽子をつくり、男の子の頭にノリ付けしてかぶせる。台紙の穴に紐を通して蝶結びをして完成。

《お弁当》

● トマトは赤クーピーで、ブロッコリーは緑クーピーで塗り、太線をちぎる。アルミホイールケースをノリで固定し、桃色の毛糸を手に巻き付けてからはずし、パスタにみたてて中に入れる。丸の中に黄色のシールを貼り、目玉焼きにする。中央にはウインナーを描く。最後に台紙の穴に紐を通して、蝶結びして完成。

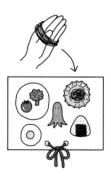

運　動

《クマ歩き》
● U字型のコースをできるだけ速くクマ歩きをする。１人ずつ順番におこない、タイムを計る。

指示行動

《積み重ねゲーム》
● ５人１グループにわかれ、３チームで紙コップを高く積む競争をする。大小のコップや、青、赤など色の違うコップがあり、グループで相談してつくる。つくった後はお片付け競争をする。
他に高いタワー、お城、ピラミッド、などのグループもあり。
●「六角形や台形、正方形の積み木（パターンブロック）をグループで相談しながら、できるだけ高く積む競争をする。

《ジャンケンゲーム》
● ５人１グループにわかれ、グループごとに相談して出すものを決め、ジャンケンをする。グループで決めたものを出せないと負けになる。

《迷路》
● スタート、ゴール、行き止まりをつくる。

東京学芸大学附属竹早小学校

〒112 - 0002 東京都文京区小石川 4 - 2 - 1 ☎ 03（3816）8941

指示行動

● お盆にお手玉をのせるゲーム。
お盆の裏に切ったペットボトルがついている。5 人が 1 個ずつお手玉をのせ
ていく。置く場所によってバランスが崩れてしまうので、工夫しながらのせ
ていく。

● 玉入れ。段ボールでつくった玉入れの道具が 2 つあり、2 つのグループに分
かれて競争する。

● グループに分かれ、丸くて細長い棒を床の線の上に並べる競争をする。波線の上に置いていくが棒の数も決
まっていて、間隔を考えて置かないと足りなくなってしまう。

● 段ボールでできた電車を使って電車ごっこ。前後に棒がありそれを持つ。

● グループで相談して、積み木（牛乳パック、トイレットペーパーなどのグループもある）をできるだけ高く
積み上げる。

● 絵が描かれたカードが 1 枚ずつ配られ、相談して大きさの大きい順や数の多い順に並ぶ。

● いろいろな絵が描かれたカードが 1 枚ずつ配られ、相談してしりとりでつながるように並ぶ。

● 床に絵が貼ってあり 1 人ずつ絵の場所に立って、先生のお手本通りに体操する。
（手を高く上げ伸びをする。膝を曲げて屈伸する。片足ケンケンを左右交互にするなど）

● 平均台を順番に渡り、跳び箱にあがり飛び降りる。

（先生と 1 対 1 で）
● 先生が「鼻の長い動物はどれですか」などのクイズを出し、動物の絵が描かれたカードの中から選ぶ。

（親子で）
● たくさんの動物が描かれた絵を見て、親子で交互にクイズを出し合い答える。
● 椅子が 3 脚と、駅に見立てたフープが 1 つ置いてあり、それを使って親子で電車ごっこをする。
● ペットボトルのキャップを積み上げていく。

《自由遊び》

各コーナーでの遊び方の説明を聞いて自由に遊ぶ。各コーナーは年度により異なる。

- 魚釣りコーナー
  新聞紙を丸めた釣りざおの先端にＳ字フックがついていて、魚を釣って遊ぶ。

- くだもの取りコーナー
  段ボールでつくった大きな木にりんごや柿がついていて、決められた○のところに立って棒をつついて、くだものを取る遊び。

- エサやりコーナー
  お腹をすかせているカバや犬などにお手玉のエサを投げ入れる遊び。

- ままごとコーナー
  網やトングなどもあり、野菜なども焼いてバーベキューごっこで遊ぶ。

- 海賊ごっこコーナー
  段ボールでつくられた船で、青いシートのなかで動きまわって遊ぶ。

- 平均台コーナー
  一本橋を順番に渡ったり、ドンジャンケンをして遊ぶ。

- ボール投げ入れコーナー
  ボーリングのピン状の大きな形のものに、ボールを投げ入れ倒す。

- 的当てコーナー
  ボードに向けて投げる。

- トントン相撲コーナー
  折り紙でお相撲さんを折って遊ぶ。

- 「段ボールでつくったバスの運転席」、「段ボールに鈴が取りつけられている的当て」、「段ボールでつくられたボール遊びの遊具」、「輪投げ」、「ブロック」「お店屋さん遊びの品物」、「平均台 (歩いて渡るよう指示)」などが置いてあり自由に遊ぶ。

- 20 分程遊んだあとで、Ｔシャツの色ごとに 4〜5 人のグループになり、自由遊びでも使ったボール遊びの遊具で、真ん中の穴にボールを早く入れる競争をする。
  最後にＴシャツを脱ぎ終了。

東京学芸大学附属世田谷小学校

〒 158 - 0081 東京都世田谷区深沢 4 - 10 - 1　☎ 03 (5706) 2131

個　別

[巧緻性]
● 黒い紙を2回折り、クリアファイルに入れ、白い紙の上に置く。

[知覚]
● 点のあるボードをつかって、先生のお手本のとおりになぞる。

[三角パズル]
● 三角カードで形（家を横に倒したような形）をつくる。

[口頭試問]
● レストランで行儀の悪い子の絵を見て、「ダメな子を指してください」。

運　動

じゅうたんの上に、上ばきを脱いで上がる。
[模倣体操]
● 手を前に伸ばしグーパー。（また、グーチョキ、パーなど）
● 手をたたきながら右足ケンケン、左足ケンケンを4回ずつする。
● 両手を上にあげ、キラキラと星をつくりながら下に降ろす。

● 「アイアイ」の音楽に合わせて踊る。

指示行動

● 5〜6人のグループで、カラー帽子をかぶり、マットの上で上履きを脱いでブロックで高いものをつくる。
● 紙芝居を見る。
● カプラを高く積む競争をする。

※途中で1人ずつ呼ばれ、口頭試問。

東京学芸大学附属大泉小学校

〒178 - 0063 東京都練馬区東大泉 5 - 22 - 1 ☎ 03（5905）0200

運　動

- 模倣体操。
- ケンパーで進み、ゴールで万歳のポーズをする。
- 「USA」の曲に合わせてダンス。
- 「PPAP」の曲に合わせて先生のまねをする。
- ちびまる子ちゃんの「踊るポンポコリン」にあわせて先生のまねをする。
- 立ち幅跳び。上履きの裏を雑巾で拭いてから跳ぶ。
- 段ボール箱の中に、ボールを投げ入れて遊ぶ。

指示行動

- 色合わせゲーム。2人組になり、カード（赤、青、黄色のカードが裏返しに置いてある）を2枚めくって、同じ色ならカゴに入れ、違ったらそのままにして次の組に交代する。

- 2人1組で割りばし運び。割りばしの両端を2人の人差し指で支え、机まで運ぶ。組む人や順番を相談して決める。

- 「エビカニクス」をみんなで踊る。

- ボール投げ。積み上げたものをボーリングのように倒して遊ぶ。全部倒したら、また積み上げて繰り返し遊ぶ。
- 電車ごっこ、積木、パズル、本、ボールゲーム、おままごと、太いところと細いところがある1本橋のうち、好きな物で遊ぶ。
- 紙コップを高く積み上げる。
- 渦巻きが描かれている絵を見て、紙を渦巻きように切り取る。
- 5人で相談しながらちょうちょが（お魚）描かれている絵を、モール、折り紙、ブロックなどを使って飾り立てる。（モール・三角の折り紙・ブロック・ポンポン・積み木を使って）
- スプーンを使って、豆をペットボトルに入れる。お盆にペットボトルが乗っていて、お盆に落ちた豆はペットボトルに入れるが、床や机に落ちたものはそのままにしておく。
- 4〜5ピースに分かれたゾウ、コアラ、ライオンのパズルがあり、グループで相談してつくる。
- 箱の中に手を入れて中の品物を触り、グループで相談して何が入っていたかを考える。
- 富士山や東京タワーの絵カードを見て、グループで相談して高い順に並べる。
- グループごとにわかれて1人ずつ違う動物の絵カードを首からぶら下げる。大きさの違うコップをお友達と高く積みあげる。

東京学芸大学附属小金井小学校

〒 184 - 8501 東京都小金井市貫井北町 4 - 1 - 1 ☎ 042 (329) 7823

絵画制作

● 雪だるまつくり。ビデオでつくり方を覚える。ストローにひもを通して結ぶ。

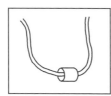 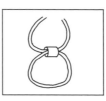 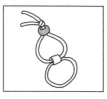

● 紐とビーズを使って指示された結び方でさくらんぼをつくる。お手本を見て、紐を半分に折り、上半分をなわ跳び結びにする。下の部分にビーズを通して玉結び。

● 切り込みの入った細長い紙を組み合わせてリボンや魚の形をつくる。
（つくり方の映像を見る）

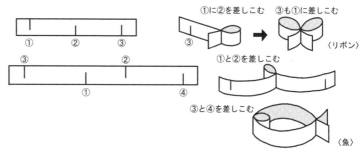

● 紙と洗たくバサミで馬をつくる。（テレビで作り方を見たあとでおこなう）
　細長い紙を半分に折り、真ん中当たりで上に折り上げたあとに、首の部分を折る。
　下の2ヵ所を洗たくバサミではさんで脚にして、机の上に立たせる。

● ビデオでお手本を見たあと、モールを使ってネズミの顔をつくる。
● 3本のリボンを使って、お正月のお飾りをつくる。2本をかた結びし、残り1本を間に入れてかた結びする。

● ビデオでペンギンの折り方を見たあと、同じように折り紙で折る。目は鉛筆で書く。

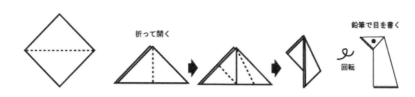

運　動

- 手をグーパーグーパー、膝屈伸する。
- 立ち幅跳び。川に見立てたところを飛び越える。
- ケンパー。マットの上でタンバリンの音に合わせておこなう。
- 曲にあわせて、板の上を5歩前に歩く → その場で片足バランス → 後ろ向きに3歩下がる → 両足でジャンプして180度回転→歩いて板を降りる。
- クマ歩き（6〜7cm幅の板の上）
- 音に合わせて低い台の上を歩いて進み、最後に片足立ち（5秒）。
- 屈伸。
- みんないっしょに、前と横に手をのばして　グーパー、グーパー → 屈伸 → ジャンプ。
- 片足立ち（5秒）
- タンバリンの音に合わせて、指示通りに前後左右にジャンプ
- ʻ月ʼ ʻ星ʼ ʻ前ʼ ʻ後ʼ と指示されたところに両足跳びで移動する。
『ほーし、タンタン、つーき、タンタン、まーえ、タンタン、うしろ、タンタン』
（タンタンで行って戻る、音はタンバリン、笛）

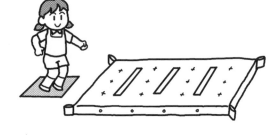

個　別

- クレヨンの箱、バラになったクレヨン2本、セロテープ、筆箱、ハサミを箱の中にしまう。その際に、それぞれの品物が重ならないように入れる。クレヨン2本は、箱にしまわないという指示がある。

- 映像で作り方を見て同じものをつくる。
A4の紙を3つ折りにして透明な袋の中に入れる。そして穴に紐を通して蝶結びをする。

指示行動

- タンバリンの音の数だけ手をたたき、その数の人数
で手をつないで座る。

埼玉大学教育学部附属小学校

〒 330 － 0061 埼玉県さいたま市浦和区常盤 6 － 9 － 44 ☎ 048（833）6291

絵画制作

● お手本（傘、シマウマなど）と同じように、色を塗りつぶしましょう。

● お手本と同じ形になるように、色紙（4 枚）を貼りましょう。

● タツノオトシゴ、牛、ゾウの体の部分を色鉛筆で塗ったあと、はさみで切ってのりで貼る。

● 赤・青・黄の正方形に切ってある折り紙を見本と同じになるように折って台紙に貼る。3 パターンあり。

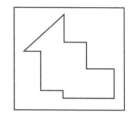

運　動

● カードを先生に渡し、スタート。走ってくまの印のところをまわり、次に黄い箱をまわりゴール。
● カードを先生に渡し、スタート。平均台の上をくま歩き。その後、走ってゴム跳び、ゴムくぐりをしマットの印に従って横跳びしてゴール。
　※両方ともおこなう。

● ステージから床に板が斜めに置いてあり、そこを走って降りる　→跳び箱を跳ぶ（3 段）
　→コーナーを曲がり、黄色い棒を通り抜けてゴールする

● クマ歩き　→かけっこ　→ゴム跳び　→クマ歩き　→ゴム跳び　→コーナーを曲がる　→ジグザグに走る→ゴール

● スタート時に先生にカードを渡す→ゴム跳び→ろくぼくをのぼり、タンバリンをたたいてマットに降りる→
黒板に指示された矢印に従って、コーンを回る。最後の直線はゴールに向かって全力走。

● ジグザグ走 → 平均台でクマ
歩き →ポールをまたぐ。

● マットで前転→梯子登り→ラ
イオンをタッチして下りる。

● ゴムひもくぐってジャンプ→走ってゴール

● 鉛筆ごろごろ（マット） → 跳び箱 → 平均台を渡る →ビニールテープで□に貼ってあるところを両足
跳び → 低いゴムひもを跳び越える →高いゴムひもをくぐる → 走ってゴール。

指示行動

● 4人組のチームになり、2チームでボールを運ぶ競争をする。布の上にボールを1個乗せ、3つの入れ物の
どれかに早く入れる。時間内にくり返しおこない、別のチームとの対戦もした。

● 時間内に何度も先生や友達とジャンケン遊びをする。
（パーは足を開き、両手を頭の上で開く。グーはしゃがんで小さくなる。チョキは足を前後に開き、両腕も前後に伸ばす）

● グループに分かれて、コップ（プラスチック）を高く積み上げる競争をする。3回勝負をする。

● 4人のグループで1人2本ずつ30cm位の棒を8本使い、お手本の絵と同じようにつくる。
終わったら棒をバケツに片付ける。

● 各チーム2人1組になって、割り箸の竿でティッシュの箱を運ぶ。

● グループで、板を合わせてドミノ倒しをつくる。

● 4人ずつのグループになり、それぞれが布の端を持ち、力を合わせてボールを天井の鈴に向かって飛ばすゲームをする。ゲームは3回おこない、チームの勝敗を決める。ルールは鈴に当たると1点、あたらないと0点。

千葉大学教育学部附属小学校

〒 263 − 0022 千葉県千葉市稲毛区弥生町 1-33 ☎ 043（290）2462

運　動

- 縄跳び。合図があるまで跳ぶ。
- 赤白の旗揚げ。
- 先生のまねをしてラジオ体操をする。
- 音楽に合わせて、四角のラインの上を進みながら「スキップをしましょう」「ジャンプしましょう」。
- 身体ジャンケンをして、勝ったら「笑う」負けたら「泣く」まねをする。

指示行動

[生活習慣]
- 指示された色の帽子をかぶり、服をたたんで箱のなかに入れる。
- タオルをたたんで袋に入れる。

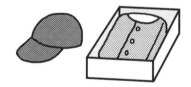

- 折り紙を折って、全員が終わるまで待つ。
  好きなものを折って（1 人 3 枚まで）、何を折ったのか先生に話す。
- 折り紙を折ったら、画用紙に鉛筆で自由に絵を描く。

[集団活動]
5 〜 10 人のグループでおこなう。
- グループに分かれ、トランプを使ってどうやって遊ぶかを話し
  合ってから遊ぶ。

- 紙コップをみんなで協力して高く積む。

- 動物の絵カードを使って、好きな動物を選び、その動物のもの
  まねをする。

暁星小学校

〒 102 − 0071 東京都千代田区富士見 1 − 1 − 13　☎ 03（3261）1510

絵画制作

● 画用紙に描かれた半月の形を手でちぎり、台紙に貼って絵を描く。

● 2 枚の折り紙で輪投げの輪をつくる。はじめの 1 枚は先生といっしょに折り、もう 1 枚は自分だけで折る。2 つを組み合わせて、セロテープで留める。もう 1 組同じものをつくる。（自由遊びの際に使ってもよい）

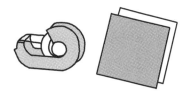

● 魚の絵が描いてあり足りないところをクーピーで点つなぎをする。
● 指示されたところをクーピーで色を塗る。
● 5 人グループで、季節の絵を描く。
● 島の絵を描く。使用するものをみんなで相談する。

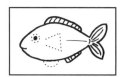

● 道具箱から折り紙を 1 枚出して、紙飛行機を折る。早く折れた子は、折れない子に教えてあげるように言われる。
● 紙に描いてある、おにぎり、おせんべい、卵焼きなどの中から選んで切り取り、お弁当箱に貼る。

● 机の中の道具箱から、大きな○が書いてある紙を出して、その○の中にできるだけたくさんの○を書き、ハサミで切る。（描いた○や外枠をクーピーで塗るよう、指示があったグループもある。）

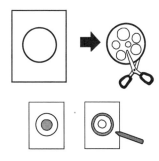

運　動

色の帽子で分かれ、6～7人ずつのグループでおこなう。
● かけっこ競争。2人でコーンを走って回ってくる。
● 8の字ドリブル。3つのコーンをドリブルしながら戻ってくる。
● ボールを上に投げ、手を3回たたいたあとにボールをキャッチする。

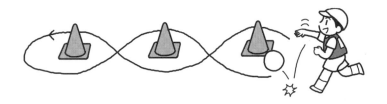

● ボールを壁めがけて投げる。
● ボールを遠くへ投げる。投げ終わったら拾いに行きカゴの中に入れる。
● 円柱より上にボールを投げ上げ、前に進んでキャッチする。
● ケンケンで進み、フープをジグザグに両足ジャンプ

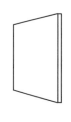

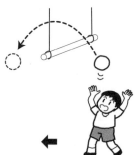

●「さんぽ」の曲に合わせて行進し、自分の番号が書いてある札のところまで移動する。
● モニターを見ながら同じように踊る。
● かけっこで積み木を移す。

指示行動

色の帽子で分かれ、4～7人ずつのグループでおこなう。

● 5人1グループ、2チームで積み木を高く積み上げる競争をする。
● 大きなテーブルの上にオセロ、トランプ、すごろく、ゲーム機のようなおもちゃが置いてあり、グループ（7人）で話し合って遊ぶものを決める。

● 4人ずつのグループに分かれて作業。折り紙を丸めてセロテープでとめ、筒をつくる。できるだけたくさんつくって、厚紙をはさみながらできるだけ高く積み上げる。

● 2人1組になり、フープまで走って行き、置いてある積み木を反対側のフープに1個ずつ運ぶ競争をする。

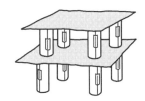

● グループで自由遊び（輪投げ、トミカ、プラレール、ボールなど）。遊びの前に約束事の説明がある。
● 街作りをグループでおこなう。

● たくさんの形の中から、○と△だけをみつけて赤のクーピーでお友達と丁寧に塗る。
● お盆に載っているアメをグループ（5人）のみんなで、相談して仲よく分ける。数は等分にならないようになっている。分けたアメは、それぞれポケットに入れ、持ち帰る。

● つくった紙飛行機を、チーム対決で飛ばす。飛ばしてよいのはチームの中の2人だけで、ジャンケン以外の話し合いで決める。

● 5種類の玩具をごほうびにもらう。みんなで相談して好きなものを1つずつもらう。

● 実物のお菓子（コアラのマーチ、じゃがりこ、ドーナツなど）の中から、好きなお菓子を取る。その後、どうしてこのお菓子が好きなのか、理由を答える。

● ファスナー付きのスモッグを着て、汚れている机の上を雑巾できれいにする。そのあと雑巾をゆすいで、絞って干す。スモッグは脱いでたたむ。
● 箱に入っているビー玉やスーパーボールを、お箸を使って隣の箱に移しましょう。
● スーパーボールを友だちと分ける。

● 机の横にかかっているバッグのなかの品物（図鑑2冊、クレヨン、筆箱、靴下、タオル）を、机の中から道具箱を取り出して、なかに入れる。そのあと教室後方のロッカーからパジャマの上着を持ってきて着用する。パジャマはたたんでバッグと一緒にロッカーに戻す。

● モニターに映った映像を見たあと、先生の質問に答える。
● 穴あきボードにお手本と同じように紐を通す。ボード通しとボタンのようなものも途中で通す手本。
● 机の上に並んでいる何枚かのカードの中から、好きなカードを取ってくる。その後、どうしてそのカードを取ってきたかの説明を求められる。

白百合学園小学校

〒 102 – 8185 東京都千代田区九段北 2 – 4 – 1 ☎ 03（3234）6662

絵画制作

● ワンピースを着た女の子とドレスを着た女の子の絵があり、「素敵なドレスにしてください」と指示される。クーピーでドレスを色塗りする。
　その後「どうして女の子はドレスにしたのでしょう。」と聞かれ、お話をする。

● 傘の絵に青のクーピーで模様を描く。

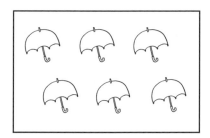

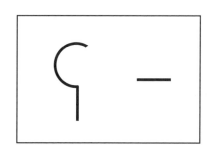

● 線画
　紙の左右に線が1本ずつあり、お母さんが使うものを2つ、青のクレヨンで描く。

個　別

● なぞなぞの答えに合う絵におはじきを置きましょう。
　「足が長い生き物はどれですか」「足が5本より多いのはどれですか」「私はたてがみが美しいと思っています。ガオーと吠えます」

● 影の絵を見て同じポーズをする。
● 片腕だけが裏返しになっているブラウスを、短時間でハンガーに掛ける。
● 絵を見て、白と黒の広さを比べ、色が多い方におはじきを置く。

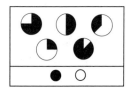

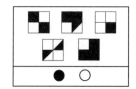

● 手に持つもの、髪型、スカートなど少しずつ違う女の子が描かれた6枚のカードを見て
　・仲間に分けましょう（分けたあと理由を言う）。
　・さっきと違う仲間に分けてください。

● 3つの結び目をほどいて、ひもを1本にしてください。

● 道路を描いた7枚のカードから4枚を選んで、欠けているところにあてはめ、パズルを完成させる。

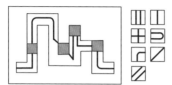

● 配膳（お茶碗、お椀、お箸を並べる）
　お茶碗とお椀の中にはそれぞれ、白と橙色の紙をくしゃくしゃにした物が入っていて、それぞれご飯とおみそ汁に見立てている。

● 『先生がカメラで写真を撮りますので、魔法使いのポーズをしてください。』と言われるので、机の上に置いてある青い布をかけて、箱の中に入っている品物を1つ選んでポーズをする。（野球のボール、割り箸など）

● 中が見えない4つの容器に、米・砂・小石・植物の種等が入っている。それを振って音を聞く。中に何が入っているかを考え、同様の物の写真の上におはじきを置く。その後で、その容器をカゴに並べて入れ、音がしないように両手で持ち、白線の上を歩き、途中で5秒片足バランスをする。

指示行動

● 足ジャンケン遊びをする。自分が勝つように出したり、先生が勝つように出したりする。

● リズムに合わせて足踏みをする。笛が鳴ったら片足立ち、鈴が鳴ったら自由に楽しい動き、カスタネットが鳴ったらジャンプする。

● 音楽に合わせて輪になりながらジャンプしたり、指示されたフープの中へ移動したりする。

● グループで相談してお弁当に入れるものを粘土でつくる。

● グループで相談して、パターンブロックを六角形の形に高く積む。

● 上級生といっしょに、折り紙、あやとり、お絵描きなどで自由に遊ぶ。
● 上級生が紙芝居を読んでくれる。

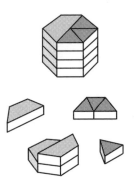

雙葉小学校

〒 102 － 0085 東京都千代田区六番町 14 － 1 ☎ 03 （3263） 0822

指示行動

（1 グループ 6 ～ 8 人でおこなう）

● 猛獣狩りに行こう。言葉の音の数だけお友達と手をつなぎ座る。

● トラ、ゴリラ、ワニの住むジャングルをつくる。グループで相談してどんな材料でどのようにつくるかを決めて、部屋の中に配置する。（トラ、ゴリラはぬいぐるみ、ワニは空気の入った浮袋が用意されている）

● お店屋さんとお客さんに 3 人ずつ分かれて遊ぶ。

● 魚釣り。みんなで魚を釣ってバケツに入れる。

● バーベキューごっこ。
「他のグループがつくったものも見に行きましょう」と凸凹のついた赤と青のスポンジをつなげて道をつくり、その上を進んで見に行く。最後に「動物たちと遊びましょう」と言われ、魚、バナナ、肉などの好物も足されて、動物を持ったり動かしたりして遊ぶ。

● 4 色のグループに分かれ、箱でレストランをつくる。コックの格好をした先生の指示で、レストランのお客さんや、店員になって遊ぶ。お料理の品物は、あらかじめつくられたものが用意されていた。
箱の中に入っている 4 つのぬいぐるみをグループで協力して取り出す。動物にくっついているストローは、手でぐるぐる回し、外したら両方とも箱の中に戻す。

● 忍者の国に行き「忍組」と「者組」にわかれて、忍者のように動く。

● 先生と歌いながら、2 人組、3 人組、4 人組をつくる。4 人組になったところで、相談して役を決め、動物（コアラ、ペンギン、ソウなど）のパペットを取りに行く。積み木で家をつくり、パペットを使ってままごとをする。

[巧緻性]

● 白いボール紙を 2 枚重ねて輪ゴムで 2 回とめる。短時間にたくさんおこなう。

● 小さな容器のキャップ外し（10 個）。

● 小さなビンのキャップをしめる。

● 紐にビーズを通して片結び。

● 折り紙で輪をつくり、シールで留める。8 つつくる。

● お山に登ってピクニックに行く。
　みんなで協力して、丸いものを使って石に（ケンパー用に）、マットを使って山に、平均台を使って橋に見
　立てる。
　石をケンパー　→　お山でジャンプ　→　橋を渡ってゴール
　みんなでお片づけ。

● シートでお弁当をみんなでつくる。

● 細く切ってある折り紙を、楕円形の小さなシールで止めながら輪つなぎをする。
● 3つのコーナーに分かれて遊ぶ。タンバリンが鳴ったら先生のところに集まる。
　・ 紙コップ、3色の小さなスポンジボールで好きなものをつくる。
　・ 積み木とドミノで遊ぶ。
　・ 大きなサイコロを振ってすごろくで遊ぶ。

● チェンリングをつなげる。

● 輪投げ、ボーリング、お手玉、フープ、ボールなど、いろいろな遊びをグループで回る。

聖心女子学院初等科

〒 108 - 0072 東京都港区白金 4 - 11 - 1 ☎ 03（3444）7671

絵画制作

● 動物園へ持って行くバッグをつくる。のり、テープ、モールは必ず使用し、クレヨンで好きな模様を描く。

　お話を聞いた後で、以下の指示がある。
● 切り株をきれいになぞりましょう。
● 葉っぱは赤、キノコは青、どんぐりは緑の
　クーピーで塗りましょう。
● カレーを食べている絵をクレヨンで描きま
　しょう。
● 好きな場面の絵を描きましょう

運　動

[模倣体操]
● 両手を肩→前、肩→上で拍手。
● 先生のお手本を見て、①頭②お腹③ひざ④つま先と順番に動かす。その後①〜④の順番
　を入れ替えておこなう。
● 行進、スキップ、しのび足、片足立ち。

[リトミック]
● 音楽に合わせて模倣運動。
　スキップ→腕を上げて左右に動かす→最後に好きなポーズをする（３回繰り返す）
● 『動物園へ行こう』を踊る。
● 音楽に合わせておどる。足の動かし方が決まっている。音楽がやんだらジャンケンをする。

指示行動

[お弁当つくり]
● ４人グループになって相談しながらお弁当をつくる。道具箱のなかには、お花紙・セロテープ・色画用紙な
　どが入っている。ハサミはなし。

[共同画]
● ４人グループでお店の看板を描く。みんなで相談して、何の
　お店か決めて、１人ずつ売っているものの絵を描く。

● グループで輪になっておこなう。はちまきをお腹で 1 回結び、手を 1
回たたいてその場をぐるっとまわり、次にはちまきをほどいて、「どうぞ」
と隣の人に渡す。もらった子は「ありがとう」と言って、同様に繰り返
す。全員が 1 周まわって終わったら、その場に座る。次は、はちまき
を 2 本にして同じことをする。

● 風呂敷でボールを包む。包んだボールを友だちと 2 人組になり、別の風呂敷に乗せて運ぶ（リレー）。コーン
をまわって戻ってくる。
● 風呂敷で帽子をつくる。お手本を見ながら、風呂敷の4隅を結ぶ。自分でかぶって、頭の大きさにあわせ、前
後の隅を結ぶ。最後に結び目をほどいて、たたんでもどす。

● ○が描いてあるワンピースの絵のカードとクレヨンを持ち、お友達とお互いに自己紹介をしたり質問をして、
○をなぞっていく。

● ジャンケンゲーム（10〜13人のグループで）
桃色（グー）・青色（パー）・黄色（チョキ）と決まっているカラー手袋を片手につけて、先生とジャンケンをする。
「負けたらしゃがむ」「勝ったらジャンプ」「あいこだったら気をつけ」とお約束が決まっている。

● みんなが違う動物になり、小さい順に並んで歩く。順番に「私は○○になりました」と、自分が何になった
かを説明する。
● 黒板に3つの星が描いてあり、星に届く橋のように輪つなぎをつくる。

● 複数の箱の中に、紙コップ、神、ペットボトル、輪投げ、モールが入っていて、好きなもので遊ぶ。
● 積み木、風船、ままごと、ボーリングなどで自由遊び。
● ビデオを見る。

東洋英和女学院小学部

〒 106 − 0032 東京都港区六本木 5 − 6 − 14　☎ 03（5411）1322

絵画制作

- グループで海の中のものを、画用紙、セロテープ、クーピー、ハサミ などでつくる。

- ネコの顔（目、鼻、口など）を描き足して、色を塗り、はさみで切る。

- 好きな動物をつくりましょう。紙コップ、紙皿、ストロー、モールなどを使ってつくる。

- 先生といっしょに折り紙で猫を折る。その後公園にあるものを折りみんなの前で発表する。折ったものを模 造紙に貼り、相談して絵を描く。

- お母さんにつくってもらいたいお弁当をクーピーで描いて皆の前で発表する。
- 「遊んでいる絵」や「楽しかった絵」など、好きな絵をクーピーで描く。
- 「うれしかったこと、楽しかったこと」の様子を色鉛筆で描く。
- 紙に描かれた雲型の中にクーピーで絵を描き、ハサミで切り取って、台紙にのりで貼る。

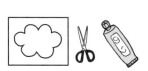  

運　動

● スキップ→ケンケン→クマ歩き→ウサギ跳び→かけっこ。

● 模倣体操。

● 手をたたきながらスキップ。

● 両足（グー）跳び。

● カゴのなかの紐を腰に結び、□のなかで片足立ち→紐をはずしてカゴに戻しスキップ　→カゴにボールを入れる→ケンケン

● マットで前転をして木の上を両足跳びしたあと、はちまきを腰に巻いて、前で蝶結びをする。青い線上を歩き、コーンをまわり、赤い線でスキップをする。そのあと、はちまきをほどいてカゴの中に入れる。

● ボール投げ。小さいボールを箱に投げ入れたり、相手に向かって投げたりする。

指示行動

● ハチマキを首のところでネクタイ結び。

● ジャンケンをして、勝ちとあいこは立って、負けると座る。数回おこなう。
● 細い棒（薄い発泡スチロール）のようなものと、テープを使って形をつくる。
● 洋服たたみ（数種類）。

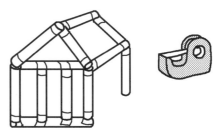

● 新聞紙を使って遊ぶ。新聞紙を丸めて雪合戦など。
● ドンジャンケン。

● 消しゴムを箸でうつす。
● 先生とジャンケンゲーム。負けたら座る。
● 先生といっしょに折り紙で猫を折る。その後公園にあるものを折りみんなの前で発表する。折ったものを模造紙に貼り、相談して絵を描く。
● マット、フープ、ボールが置いてあり、相談して自由に遊ぶ。
　笛の合図で終了し、片付けをする。

● スキップをする。合図で止まり、近くの人とジャンケンし、勝った人が前、負けた人が後ろにつく（ジャンケン列車）。

●「お父さん・お母さん・おじいちゃん・おばあちゃん・子ども」が描いてあるカードの中から1枚を選び、自分がなる役を決める。紙の上にシールでカードを貼り、そこに手を入れて、ごっこ遊びをする。

学習院初等科

〒 160 − 0011 東京都新宿区若葉 1 − 23 − 1　☎ 03（3355）2171

個　別

● 木が無い方の点線を黄緑色のクレヨンでなぞる。木は紫色で塗る。線の真ん中を通るように手で紙をちぎる。

● 点線を赤のクーピーでなぞり、そのあと半分に折って線をはさみで切りましょう。

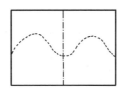 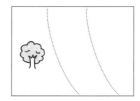

● ビデオを見ながら紙飛行機をつくる。部屋を移動し、6 個置いてあるフープに入るように、紙飛行機を飛ばす。

● ストロー 3 本でつくられた三角形のお手本を見ながら、同じようにつくる。接続部はセロテープで留める。

● お友達と相談しながら、ホワイトボードにマグネットのプレートを使って、指示されたテーマのものをつくる。（公園、動物、乗り物など）。
● 箱に入っているスポンジを箸でつまんで別の箱に移す。
● 絵を 3 枚見てお話づくりをする。
● 箱にきれいに納まるように積み木を入れる。
● 時計の絵を、線の通りにはさみで切る。（他に魚など）
● 箱のなかに、筆箱、ハンカチ、ノートなどをお手本通りにかたづける。
● 衣服の着脱。

● パターンブロックを使って
　箱の中に入っているパターンブロックを、見ないで手で触り、同じ形のものを選ぶ。
　・お手本を見て同じ形をつくる。
　・お手本通りに順番に並べていく。

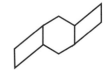

運　動

● 模倣体操。
● みんなで輪になり音楽に合わせてスキップ。スキップしながら頭上で手を 1 回たたく。胸の前で手をクロスして肩をトントンと 2 回たたく。最後に後ろで手をたたく。これを繰りかえしおこなう。
● スキップしながら手をたたく。その間に片側の手で逆の腕の肘をさわる。リズムに合わせて、右と左順番にさわる。（両手でパン→片手タッチ→両手でパン→片手タッチの順）

● カゴの中の赤・青・黄・白の玉入れの玉を 1 個ずつ取り、
　玉に色と同じフープから動物の顔の貼ってある同じ色
　のカゴに投げ入れる。(カゴの色は、赤・青・黄の 3 色)
　「白の玉は持たないこと」、「お話はしないこと」などの
　約束がある。

指示行動

待っている間は絵本を見たり、ビデオを見たりする。

● 用意されている箱やカードを使って、お店に売っているものを1つつくる。
お客さんになって回ってきた先生に、何をつくったのかをお話しする。

● 魚釣り遊び。
「白い魚とタコだけを釣りましょう。他の魚が釣れたときは、海に戻しましょう」

● ブロック積み。
段ボールでできた長方形のブロックや、やわらかい素材の丸や多角形のブロックを使って、できるだけ高く積む。

● 「えさやりゲーム」をする。

● お面をつけて動物の模倣。

● 箱を後ろの人に渡していく競争をする。
1列に並び「前のお友だちから後ろのお友だちへ体の右側から渡しましょう。最後までまわったら、1番後ろの人が先頭まで箱を持ってきて、また同じように始めましょう」という指示がある。途中で箱を落としたら、後ろの人が拾ってもう一度渡す約束がある。

● 床に矢印の着いたフープが人数分置いてある。音楽に合わせて自由に歩き、曲がとまったら自分が好きなフープに入る。
　・1回目……フープの矢印と同じ方向を向いて立つ。
　・2回目……フープの矢印の方向を向いてしゃがむ。
　・3回目……フープの中でかかしのポーズをする。

● 10人位のグループでお城をつくり、お話を考える。
● 4人でおもちゃがのっているビニールシートを運び、おもちゃをそれぞれのカゴに入れる。

● 4〜5人の組にわかれ、タイヤと紐を使って、「鳥」、「動物」、「顔」など指示されたものをつくる。

● 男女いっしょになって、段ボールでお城をつくる。

● 教室にクマが入ってきて『ガォー』と言うので、隠れて後ろを向く。

● フープの色の約束：ウサギ→黄色、猫→赤、蝶→青。
　音楽に合わせてスキップをし、途中で先生が動物の名前を言うので、その約束の色のフープに入る。ただし、赤のフープは1つに1人しか入れない。

● マットの上でペットボトルを積み上げる。先生が『地震です』と言ってマットを揺らすので、また、みんなで積み上げる。

● マットの上にジグザグの線が書いてあり、その上を元気に歩く。

● マットの上で、紐とフェルトで顔をつくる。（福笑い）『次は違う表情の顔をつくってください』と指示され、またつくる。

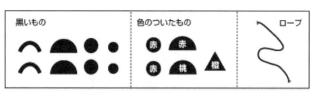

小野学園小学校 （品川翔英小学校）
2020年度より校名変更

〒140 − 0015 東京都品川区西大井 1 − 6 − 13 ☎ 03（3774）1157（直）

絵画制作

- 紙に円柱と三角柱の積み木を置いて周囲を鉛筆でなぞり、○と△を書く。それをはさみで切り取り、のりで色画用紙に貼る。
- 紙に書かれた渦巻きをはさみで切り取る。渦巻きの中央にはさみで穴を開け、たこ糸を通して結ぶ。たこ糸のもう一方の端を割り箸に結ぶ。
- 課題画「お友達と遊んでいる絵」

運　動

- 大縄跳び。
- 在校生と手をつないで平均台を渡る。
- 平均台→降りてから片足立ち（5秒）
- 跳び箱によじ登り、ポーズをして降りる。
- 手でドリブルをしながら進み、途中でコーンを1周したあと、ゴールで進む。
- グーパー跳びをしながら、ゴムを跳び越す。
- ゴムを跳ぶ・くぐる。
- 青い線から赤い線までドリブルをし、トランポリンに向かってボールを投げ、はね返ってきたボールをキャッチする。
- 鉄棒にとびつき5秒間体を支えた後、10秒間ぶら下がる。
- 先生のたたくタンバリンの音に合わせてケンケンパーをする。
- フープの置いてある通りにケンパー→走る→跳び箱の上を1回横転→ポーズ
- 的に色がついていて、指示された順番に的当てをする。（大ボール使用）
- 上級生とキャッチボール

指示行動

- ドミノ倒し。
- 自由遊び。
- 裏返しになったカードの中から '〜のカード' と指示されたものを見て、そこに書かれた色のボールを、フープの中から取ってくる。
- 指示された数だけストローを取り、ゴムで留める。
- 3本の紐を、指示通り交互に通していく。

- ドールハウスで遊ぶ（遊園地で遊んだグループもある）。

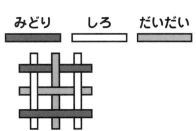

日本女子大学附属豊明小学校

〒 112 − 8681 東京都文京区目白台 1 − 16 − 7　☎ 03（5981）3800

絵画制作

● 左の絵を見て足りないところを右に描きましょう。

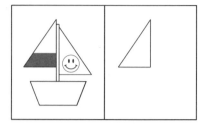

● シールを貼って好きな絵をつくる。シールは5色（赤、緑、黄、水色、黄土色）各4枚ある。シールを全部使ってしまったら、足りないところは鉛筆で絵を描き足す。

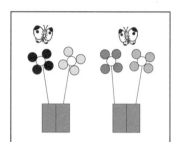

● ペットボトルとビーズを使ってマラカスをグループでつくる。ペットボトルに線が書いてあり、そこまでビーズを入れる。

● バッチつくり。グループで王様と家来を決め、王様が協力してバッチをつくる。家来が王様の指示で机の上の材料を取りに行く。

● 水族館つくり。折り紙のイカやタコを貼ってつくる。

● 秋の葉がついていない木を描きましょう。

● 点線をなぞりましょう。お手本のように丁寧に塗りましょう。

● 紙でできた家を、指示された方向から見たらどう見えるか、クーピーで3段階に濃淡をつけて描く。

● 点線をなぞりましょう。お手本のように丁寧に塗りましょう。

運　動

- クマ歩き。その後、手を横に伸ばし平均台を歩く。
- 模倣体操。リズムに合わせてジャンプ、屈伸、スキップ。
- すべり台の上からお姉さんがボールを転がす。→ キャッチ

- 丸めたマット（青×4、赤×2、黄×2）の青だけを跳ぶ約束をして、走ったりケンケンパーをする。

- マット上の円に足をつけて腕立て伏せの格好をする。そのまま横に移動して円を半周する。

- マット上を横転で往復する。最後にかかしのポーズを取り、先生に「いいですよ」と言われるまで行う。

- 床に白い線と青い線が引かれており（その間隔は3メートルくらい）、白い線のところから青い線に向かって、「ここまで届くように投げてみましょう」と指示される。下手投げ、上手投げ、それぞれ3回ずつ行う。（投げた玉は上級生が拾ってくれるので、どんどん投げる）

- 上級生とボール転がしをする。
- ボールを顔の高さから落とし、跳ね返ってきたものを取る。（3回）
- まりつき（5回）。
- 床に足形が置いてあり、その通りにケンパーをする。
- 赤・黄・白の線があり、指示された順番に4つ足で移動する。

指示行動

- 色のついたリボンを、先生がつけてくれる。色ごとにグループになる。
- お姉さんとジャンケンをして、勝つとリボン、負けるとハートがもらえる。○などが書かれた模造紙に花を描いたり、ジャンケンでもらったリボン、ハートをその形が描かれているところに貼る。

- 先生からポシェットを渡される。なかにコインが4枚入っている。2人組になって、お店屋さんごっこをする。

- 黒い花瓶に好きな花を2本、白い花瓶に黄色の花2本とピンクの花1本を入れてください。
- スーパーボールすくい、輪投げ、ままごと、ビーズ通しボールプールなどがあり、好きなもので遊ぶ。

- お弁当つくり。お弁当箱が描かれている用紙に、準備されている具材（おにぎり、おかず、果物など）のシールを貼っていく。

- スプーンリレー。リスさんがクルミを集めています。子どもたちがリスになったつもりで、ピンポン玉を集める。集めたピンポン玉を、スプーンを使ってお友だちに渡していく。

- 太鼓が1回で、まっすぐ立つ。2回鳴ったらウサギのまね（手を耳にして）をしてジャンプ。3回鳴ったら、自分のリボンの色と、同じ色の花のところに座る。

- 自由遊び。砂場、積み木、ままごと、玉入れ、輪投げなどで自由に遊ぶ。
  遊びの途中に、「マカロンを買って、ぬいぐるみのクマにプレゼントしてください」「ぬいぐるみのクマに洋服を着せてください」

- 「ここはハワイだと思ってください」と先生からお話があり、マラカスを使って踊る。太鼓の音に合わせて約束の行動をする。1回鳴ったらお友達とマラカスを交換。2回鳴ったらその場に座る。3回鳴ったら手をつないで座る。4回鳴ったらマラカスを机に置く。

- プリンセスパーティーをする。グループによって色分けされた（水、青、紫）リボンを頭につける。スカートとブレスレットを身につける。スカートにはエプロンのような紐がついており、上級生が紐を蝶結びにするお手本を見せてくれる。蝶結びができない人はどんな結び方でもよい。後ろで結べない人は、前で結んでもよい。

● 最初に水色の紙をまるめてバケツに入れ、それをプールに移す。1人3匹ずつ海の生き物（おもちゃ）を選び遊ぶ。

● ドミノ、輪投げ、ビーズ通しなどで遊ぶ。
　ビーズ通しはシートの中央に置いてあるビーズをスプーンですくい、お皿に移してから通す。ビーズは輪にして在校生が抱えているぬいぐるみにかける。（15人位のグループで）

● 「となりのトトロ」を聞いて自由に歩く。先生が打ったタンバリンの数と同じ数のグループを手をつないでつくる。

● 4人ずつのグループで、布の上にイルカのぬいぐるみをのせ、ビニールプールにイルカを戻してあげる。
　相談をして、やり方を決めたら、あとはお話をしないという約束でおこなう。

● ままごとで遊ぶ。マットの上に、上履きを脱いで座って遊ぶ。

● 人魚姫のお誕生日パーティーをするために、2人組になって買い物に行く（紙でできた貝殻がお金）。

● 5人1グループで、クマさんの誕生日を祝う会の準備をする。
　折り紙の輪つなぎで、部屋の飾りつけをつくる。
　クマさんにお手紙を書く。（画用紙、クーピー使用）
　誕生日ケーキのデコレーションをする。
　お皿、フォーク、スプーンなどを並べる。

● 靴を脱いで正座をし、お盆の上のビーズを箸でつまんでお皿に移す。

● 上履きを脱ぎ座布団に座る。机の上にあるビーズを塗り箸で自分用の皿に取り、ひもを通してネックレスをつくる。できあがったものはクマのぬいぐるみに掛ける。上級生といっしょにおこなう。途中個別に呼ばれ、カーテンの裏で質問を受ける。

● 机の上に本物そっくりな果物が置いてある（柿・梨・りんご・バナナ・みかん・キウイ）。
　「あなたが食べたことのあるものを取ってください」
　「それは何ですか」
　「持ってみてどんな感じがしますか」
　「お父様やお母様と食べるときは、どんなお話をしますか」
　「その果物をお母様はどこで買いますか」

● 乗り物の絵を見て、乗ったことがあるものを1つ指さして名前を言う。
　それに乗ってどこへ行ったのかなど、さらに聞かれる。
　（ネックレス作りの途中で順番に呼ばれる。）

● 指定された色の積み木をまるく、高く積んで、クマさんのためのプールをつくる。

成城学園初等学校

〒157－8511 東京都世田谷区成城6－1－20 ☎ 03（3482）2106

個　別

[復唱・逆唱]
- 「よしおくんはお母さんとカレーライスをつくりました」同じように言ってください。
- 「1,3,5,7」逆から言ってください。

[絵の記憶]
PCの映像を見る。ハサミ、消しゴム、えんぴつ、テープなどが順番に表示されて。
- 3番目に出てきたものは何ですか。
- 積み木を高く積みましょう。

[巧緻性]
- スーパーボールを箸でつかみ箱に入れる。
- グミのお箸運び。
- コップの線の所まで水を入れる。
- 豆を箸でつかむ。
- 使い終わった雨傘をきれいにたたむ。
- 靴と靴下の着脱

運　動

5人くらいのグループに分かれる。
- 準備体操。屈伸、ジャンプ、足ジャンケンなど。
- 上級生のお手本を見て模倣体操（飛行機の模倣など）。
- 走る→ボール投げ→縄跳び（できるだけ多く跳ぶ）→跳び箱→ボールを持って平均台をわたって戻る。
- マットででんぐり返し → ボール投げ → 片足ケンケン。
- ボールを持ったまま平均台の上を歩き、かごにボールを入れたあと、また最初のところに戻る。
- 平均台。ボールを右手に持って歩き右のかごに入れ、帰りは左のかごからボールを1個持って戻ってくる。
- 跳び箱に乗る→平均台を渡る→台の上のボールを取る→平均台を戻る→跳び箱に乗る→先生にボールを渡す。
- 肩に鞄をかけて、平均台を渡る。
- 的当て。壁の下の部分に黄色いテープが貼ってあり、そこに当てる。
- 壁の線より上にボールを当て、跳ね返ったボールを取る。
- ケンケンでフープを進み、最後のマットでグー。
- 縄跳びを先生のお手本通りに結ぶ。

指示行動

- 袋からパターンブロックを出し、1人1個ずつ積んでいく。
- 積み木を高く積み上げてください。

昭和女子大学附属昭和小学校

〒154 − 8533 東京都世田谷区太子堂 1 − 7 − 57　☎ 03（3411）5114

絵画制作

- ライオン、海、動物園、水族館の絵が描かれている紙をハサミで切り取り、別の台紙（画用紙）に貼る。
- ハサミ、シール、セロテープ、8色クーピーが箱の中に用意されている。
  先生の指示に従って、手をたたいた数だけシールを貼ったり、絵を描いたりする。
- 紙ナプキン、シール、凧糸、クリップを使ってパラシュートをつくる。
- 折り紙で好きなものを折る。
- 魚を描いたり、切ったりする。
- 1枚の画用紙に馬が描いてあり、指示通りに馬をつくる。
  ▷模様のある部分をクーピーでぬる。
  ▷色指示された線をはさみで切る。
  ▷色指示された線を山折り。谷折りして馬の形にする。
- ぬり絵。「さるかに合戦」の絵を塗る。

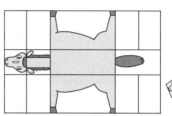

運　動

- フープをケンパーで跳ぶ。
- パー、ケンパー、ケングーをする。
- 1本のゴムを左右にジグザグ跳び。
- 4本のゴムの連続跳び。
- 両足でいろいろな高さのものを跳ぶ。
- まりつき。
- コーンまでケンケン。コーンを2周したあと反対の足でもどる。
- 幅跳び。
- スキップ
- 『ポニョ』の音楽に合わせて踊る。
  跳び上がって膝を抱えたり、反対向きになったり、両腕を横に広げたり、片足ずつリズムを取る動きなどをする。
  スキップでぐるぐる回る。
  8回ずつ手拍子を打ちながら回ったり、逆回りをしたりして、正面を向いて終わる。

- 三角コーンのまわりを、ボールをついて1周する。
- コーンとコーンの間に張られたひもを左右に4回跳ぶ。

パー　ケン　パー　ケン　グー

指示行動

- たくさんの細長い色紙を、ケースの中に片付ける。
- スモックをハンガーにかける。
- お茶わんを左手に持ち、皿にある豆を箸でつまんで茶わんに入れる。豆を1個入れ、そのあと片付ける。
- チームごとに腰にはちまきを結び、同色のコーナーに集まる。
- ストローをセロテープにつなげて、できるだけ高い塔をつくる。
- お友達と協力して、紙に描かれた絵のお手本を見ながら、おなじものをブロックでつくる。
- 3色のお団子の絵があり、積み木で同じ色に並べたあとドミノ倒し。
- チームで協力して、プラレールを指示された形につくる。
- 3人1組で、プラレールを使って床の線上にレールをつなげ、電車のスイッチを入れて自由に遊ぶ。

- 制作でつくった魚を使って、魚釣りをして遊ぶ。
- 制作でつくった馬を吹いて進ませ、みんなで競争する。その後、馬で自由に遊ぶ。

- 制作でつくったパラシュートで遊ぶ。
- 床に散乱したものを分類しながら机の箱に片付ける。
  （ぬいぐるみ・人形・クリップ・碁石・キーホルダー・マグネット・ほうきとちり取り）

- 親子で「動物園」の課題でシナリオを考え、ペープサートをつくり（10分）、発表（1分）する。発表途中でも時間がくると終了。順次発表した家族への感想を述べる。
  材料はお盆に用意されており（画用紙、クーピー、ハサミ、定規、ホチキス、セロテープ、割り箸）、画用紙に絵を描いて切り取り、割り箸にテープで留める。

田園調布雙葉小学校

〒 158 − 8511 東京都世田谷区玉川田園調布 1 − 20 − 9 ☎ 03 （3721） 3994

絵画制作

- みんなで木を描く。
- ケーキをつくる。
- お弁当をつくる。
- スポンジ、折り紙、毛糸などを使って、グループ（4〜5人）で話し合って作成する。
- 新聞紙を床に広げ、かごの中の道具を使って海の中にいるものをつくる。
  水色の大きな紙の他に、かごの中に紙、はさみ、のり、折り紙、新聞紙、画用紙が入っている。
- お話を聞いて、それに合う絵を描く。
- 形を使って絵を描く。

- 5〜6人のグループで相談して、テーマを決めて島をつくる。（例：お菓子の島、宝島など）
  島の形をした土台は用意されており、ハサミ、のり、折り紙、色画用紙、クレヨンを使ってつくる。最後に
  片付けをして、できあがった島のまわりに輪になって、音楽に合わせておどる。

指示行動

- 体操着に着替え、脱いだ服はたたんで風呂敷に包み、ロッカーに入れる。（机のシールと同じシールが貼っ
  てある。）
- 「落ちた　落ちた　何が落ちた」のゲームをし、言われた言葉によって決められたポーズをする。

- 持参したお弁当を風呂敷で包む。持参したビニールシートを広げて座る。そこでアルミホイルを渡され、好
  きなものをつくる、何をつくっているのか質問される。
- 制作後、手を洗いに行き、水色のシートの上でお弁当をグループごとに食べる（10分）。その後シートをた
  たみ、体操服も着替える。

● 5～6人のグループで、「海の幼稚園」という設定で劇遊びをする。まず、各々が何の生き物になるかを決め、画用紙にクレヨンで絵を描き、はさみで切り取って、カチューシャに貼り、頭に着けて相談して劇をする。

● みんなで相談をして、段ボールで「夢の乗り物」をつくる。つくったあと、部屋の中をそれを担いでまわる。

● 風呂敷をマントにする（首で2回結ぶ）。

● 風呂敷でボールをつくる（かた結びを何回か繰り返す）。

● スポンジ、折り紙、毛糸などを使って、グループの人数分のお弁当をつくる。

● 20人位のグループで、歌に合わせて先生のお手本通りに体を動かす。

● 先生の出すジャンケンに負けるジャンケンの手を出し、次に「あっち向いてホイ」では負けないよう顔を動かす。

● 手をつないで輪になり、大きくなったり、小さくなったり、右回り・左回りをしたりする。

● 自由遊び（ままごと、輪投げ、ブロック、折り紙、お絵描きなど）。

● 先生に指示された品物をとりに行く。（例：しゃもじ、スポンジ、さいばし）

東京都市大学付属小学校

〒 157 - 0066 東京都世田谷区成城 1 - 12 - 1　☎ 03（3417）0104

絵画制作

- 紙コップを 2 つ使って底と底を合わせて、セロテープで留める。
  白いシールに好きな絵を描き、紙コップの側面に貼る。
- ペットボトルに、クレヨンで描いた絵を貼る。何本つくってもよい。
- 輪投げ用の的（ピン）の制作。ペットボトル、クーピー、紙、セロテープを使用。
- クレヨンで好きな絵を描いて、飛び出すカードをつくる。
- お弁当つくり
  6 人グループで、粘土、折り紙、箱、バラン、アルミカップを使って、お弁当をつくる。
  つくった後、中身、どこへ誰と行きたいか、など発表する。

- メダルつくり
  丸い紙に絵を描き、紐を通して結ぶ。

- グループで相談しながら、線路の絵が描いてある紙をセロテープでつなげていく。
  電車から見える景色をクレヨンで描く。

運　動

- 模倣体操。先生のお手本に合わせて体操。
  両手を前に出して親指から順に曲げていく。
  腕を頭の上にあげて、肘をつかむ。

- かけっこ。

- 行進したあと、コーンの周りを先生が言った数だけ回って、元に戻る。

- 行進しながら、'パンチ' するよう手を左右に振ったり、立ったり座ったりする。

指示行動

- ドンジャンケンゲーム。
- 輪のようなものをスタートからゴールまで、うまくつながるように並べるゲーム。
- みんなで協力して机を運こび、先生の指示通りに並べる。制作でつくった紙コップを使って、机の上に積み上げてお城をつくる。
- 三角柱をつくり（画用紙、セロテープ）、お城をつくる。
- 制作でつくったペットボトルを、高く積み上げる競争をする。

東京女学館小学校

〒150 - 0012 東京都渋谷区広尾 3 - 7 - 16　☎ 03（3400）0987

■ 絵画制作

- バッチつくり。ハートの中のひし形を好きな色1色（クーピー）で塗り、ハートは好きな色をたくさん使って自由に塗る。次に、ハートの形をはさみで切り、裏面に両面テープが貼ってあるので、ゼッケンの右上に貼る。

- 「ちょうちょ」の絵に、クーピーで色を塗る。紐をつけて、ペンダントをつくる。
- 木の下に大きな穴があります。その中から「ドンドンドン」と音が聞こえてきます。それは何でしょう。想像して描いてみましょう。
- ここに不思議なドアがあります。なかから「シュルルル」と音が聞こえてきます。それは何でしょうか。想像して描いてみましょう。
- お友だちに何かしてもらって、うれしくなった絵を描きましょう。
- 幼稚園・保育園で、1番楽しい遊びの絵を描く。
- 朝寝坊をして、びっくりしたときの様子を描く。
- 「行ってみたいところ」の絵をクレヨンで描く。
- あなたが思うすてきな服を、4色のクーピーを使って描きましょう。
- お話を聞いて、その絵を想像して描く。
  「家族そろって、山でお芋を焼いているところ」
- ユウちゃんが遊園地に行きました。出てきたとき「あーおもしろかった」と言いました。さて、何がそんなにおもしろかったのでしょうか。その絵を16色のクレヨンで描きましょう。

■ 運　動

- かけっこ。コーンをタッチしてスキップで戻る。
- クマ歩き→アザラシ歩き
- 5秒間懸垂をする。鉄棒1台に2人ずつ。まわりの人が数を数える。

- 歩く→スキップ→クマ歩き。コーンとコーンの間を先生の指示にしたがっておこなう。

- 的当て。

● 鉄棒。あごをつけて両手でぶら下がり（5秒）

● バスケットボールで的当てをする。

● かけっこ
　　↓
　ゴムのスカートを履く
　　↓
　かごの所まで行ってスカートを脱いで入れる
　　↓
　鉄棒のぶら下がり（5秒）

※靴と靴下を脱いでおこなう。
● ハチマキをもらって腰に巻いて結び、輪になっ
　て準備体操をする。（腕回し、グーパー、ジャ
　ンプなど）
● カエル跳び、ウサギ跳び、くま歩きをする。
● フワフワスポンジの小さいトンネル、大きい
　トンネルをくぐる。
　　↓
　はしごを登って、好きな動物の絵にタッチし
　て降りる。
　　↓
　的当てをする。（玉は自分で片付ける）
　　↓
　ケンパー
　　↓
　ゴール

※色紙が床に円形に置いてある。
● 色紙に頭を乗せて仰向けになり'ヨーイドン'の合図で起きあがってバネを飛び越える。
　　↓
　腰に巻いてあるハチマキを取って、たたんでかごに入れる。
　　↓
　鉄棒にぶら下がって'5'数える。（待っている人が数える）
　　↓
　ポールからポールまで'ヨーイドン'で走る。

● 「さんぽ」の曲に合わせて行進。途中で「クマになって下さい」「カエルになって下さい」と言われるので、
　まねして歩く。（先生も一緒に参加する。）

指示行動

● ドンジャンケンをして遊ぶ。

● 輪投げ、登り棒、ボーリング、玉入れ、積み木、トンネルなどで自由に遊ぶ。
● ぬりえ。6人で1つのテーブルに座り、真ん中にクーピーが2箱置いてある。
　絵は、6枚の中から好きな物を1枚選んで行う。
● マット、輪投げ、フープ、ボーリングの中から好きな物で遊ぶ。
● お掃除。ゴミの分別をする。

（母子行動）
● 母子で、オ・ブレネリの曲に合わせた振り付けを考えて発表する。
● 何か動きのあるポーズをとり、「はいチーズ」で止まる。ポーズは母子で相談して決め、お友だちに何の場
　面かを当ててもらう。
　※いずれも先生のお手本と練習時間あり。

● 親子でおはじき、粘土、福笑いなどで遊ぶ。
● お面つくり（全体で約15分、つくる作業は約6分）
　黒板に見本が提示してあり、お母さんがやり方を教えてくれる。
● 母子が別室に分かれ、子どもの方が好きな虫を1つ選ぶ。その後、母子で相談し、役を考えそれを発表する。
● 母子が別室に分かれ、母親は「ウサギちゃんと猫のおばさん」のお話を聞く。
　その後、母親にお話の内容が書かれた紙を渡されるので、内容を覚えたら子どもに伝える。
　子どもはウサギ役、母親は猫役になり、声を出さないで演じる。
● 子どもが別室で、洗濯物を3点（スモックは必須）を選び、かごに入れて持ってくる。
　母親は、子どもがシートに座ってたたむ様子を見ている。終わったら、たたみ方がわからない物は教えてあ
　げる。良かったところや、こうした方がいいねと思うところをアドバイスする。

青山学院初等部

〒 150 − 8366 東京都渋谷区渋谷 4 − 4 − 25　☎ 03（3409）6897

絵画制作

- 魚をつくる。魚の形をした紙と、いろいろなヒレの描かれた別紙が配られる。その中から自分の使いたいヒレを色塗りして、切って体にノリで貼る。ヒレのパーツにはのりしろもある。

- 牛乳パックでトラをつくる。牛乳パックを胴体にして、四つ足を画用紙でつくる。作り方の見本は示される。

- 海の生き物と、その生き物が食べるものを描く。
- 画用紙に描かれた雪だるまを手でちぎる。顔はクーピーで描く。赤い細い紙（パンチ穴が 2 つ開いている）を丸めて輪にし、雪だるまを囲んでセロテープで留める。赤い紙の上部の穴に紐を 1 本ずつ（黄と黄緑）通して、蝶結びをする。

- お友達と協力して、模造紙に絵を描いたり、紙を切って貼ったりし、町づくりをする。
- いろいろな形が描かれた紙、画用紙など用意されている。好きな形を選び、切り取って画用紙に貼る。何かに見立てて色を塗り、まわりの余白に絵を描く。
- ○△□などいろいろなの形が描かれた紙、画用紙、紙コップ、紙皿、紙袋が用意されている。「この形を 3 つ以上切り取って使い、今までに見たことのない、不思議な生き物をつくりましょう。」
- ハロウィンの衣装制作。
  マジック、クレヨン、セロテープ、黒いビニール袋、画用紙、新聞紙などを使う。
- 好きな動物と自分の絵をクレヨンで描く。
- 「どこでもドア」を開けると何があるか描く。
- 画用紙で、絵を入れる額をつくる。
  材料：画用紙、折り紙、モール、ストロー、セロテープ、クーピー、はさみ、のり
- 立つ動物をつくる。
- ビルつくり。
- 粘土で街をつくる。

運　動

- 準備体操。
- 模倣体操
- 連続運動。まりつき（5 回）、なわとび（5 回）、クマ歩き、うさぎ跳び、ろくぼく、棒のぼり、平均台、ジグザグ走、スキップ、跳び箱、リレー。
- ケンパー。
- 前転。
- ボール運動。
- リトミック。
- クマ歩き
- しっぽ取り
- 大玉転がし

指示行動

（集団行動）

● 魚釣り。5人ずつのグループに分かれて模造紙半分の大きさの紙に魚の絵を描く。みんなで相談して、協力して1つの絵を完成させる。描き終わったらハサミで魚の形を切り取る。それに先生が磁石をつけてくれるので、用意された釣りざおで釣って遊ぶ。

● トングや箸などの道具を使って、輪の奥にあるかごの中にミニカーなどのおもちゃを入れる。輪のところには鈴がついていて、鳴ってしまうとやり直す。

● バケツの中のボールを、好きな道具（おたま、はし、ひしゃく、靴べら、トングなど）を使って取り出してください。

● 玉入れ。
● ボール。
● 鬼ごっこ。
● フルーツバスケット。
● 20人のグループでジャングルを模擬探検する。
● 自由遊び（縄跳び、ボールなど）。
● 積み木を高く積み上げる。

● 自己紹介。ござに座ったまま、順番に名前、幼稚園名、誕生日、好きな食べ物などを答えていく。
● ござに座って、先生から絵本を読んでもらい、それについての質問に挙手で答える。
● 話の記憶。幼稚園の運動会の話。
　　▷幼稚園の名前は何でしたか。
　　▷運動会で何をしましたか。
　　▷綱引きと玉入れはどちらが先におこなわれましたか。）

（個別テスト）

● マス目の中の〇の位置を考える。キリン、ゴリラから見たらどうなるか。

● パズル構成。バラバラになったパズルをお手本通りに置く。

慶應義塾幼稚舎

〒150 - 0013 東京都渋谷区恵比寿 2 - 35 - 1 ☎ 03（3441）7221

絵画制作

（グループにより出題は異なる）

- 先生が天狗のうちわを持ってあおいだりしている。それから「鬼と天狗」の紙芝居を読んでくれる。話のなかに、鬼や天狗の宝物が出てきていましたが、自分の宝物を小さな画用紙に描いて、大きな画用紙にはその宝物を使ったり遊んだりしているところを描く。ただし、宝物は家族や生き物ではいけません。絵を描いた後、向かい合って座っているお友達に、絵の説明をする。
- 合体研究所に行った設定で、帽子とヘリコプターをくっつけたもの「帽子コプター」をつくったとの話があり、そのあとで何かと何かをくっつけて合体したものを考えて、その道具を自分で使っているところを描く（合体させるものの例として、扇風機、靴、電話、テレビの絵などがある）。絵を描いた後、粘土でその道具をつくる。
- 困っているときの絵とヒーローに助けてもらう絵を描く。
- 大人になったらしたいことを自由に描く。
- 紐を使っての想像画を描く。
- マラカスつくり。

- おじいちゃん、おばあさん、お母さん、お父さん、お兄さん、女の子のそれぞれいろいろな表情（怒り顔、泣き顔、困り顔、笑い顔）が描いてあり、①、②の部分に貼る表情を考えて、ハサミで切って貼る。「？」に入る絵を別の紙に描いて、お話づくりをする。

- お姉さんが話してくれた不思議なクレヨンの話に合うものを、①②に貼り、中盤のところの絵を描く。

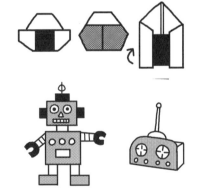

- おにぎりを食べると力が出てくる話を聞いたり、お弁当箱の歌を歌ったりしたあとに、折り紙でおにぎりを折る。つくったものはノリで貼り、好きな具材を描く。できたらおにぎりを食べて元気 100 倍になったので、どこで何をして遊びたいか、その様子を描く。描けたら立て掛ける。
- 厚紙、カラー用紙、モールなどを使って、バックをつくる。絵は片面のみ描いてよい。
- ロボットの絵を描いて、色画用紙などを使って、そのロボットを動かすリモコンをつくる。

- 着けると透明になるマントがあります。自分がそれをつけたら何をしたいか絵を描く（1 枚目）。また、マントが外れてしまったらどうするか、続きの絵を描く（2 枚目）。
- ○、△、□のスタンプが用意されており、これを使って絵を描く。
- 自分が大きくなってなりたいもの、やりたいことを絵に描いて紙を裏返し、パズルの線を切る。つくったパズルで遊んだあとに、3 人のお友達ののパズルをする。

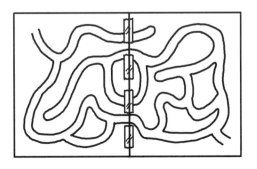

- 不思議な帽子を画用紙、モールでつくる。それを被って行きたいところの絵を描く。
- 迷路が描いてある台紙に好きな絵を描き足す。小さな紙に人の絵を描いて駒をつくり、クリップ 2 個で立たせて、つくった迷路で遊ぶ。

- 先生のお手本を見て、「紙のヘリコプター」をつくる。完成したら飛ばして遊ぶ。その後「これをどこで、誰と飛ばして遊びたいか、絵に描きましょう。」
- 掃除機を見たあとで、「この道具を使っているところの絵を描きましょう。」
- 1つの面が開閉できる箱を使い、好きなものをつくる。
- 「もし妖精がいたら、家族で何がしたいか」という課題で絵を描く。
- 「うれしいときの絵」という課題で絵を描く。
- 紙皿、毛糸、モール、クレヨン、のり、はさみ、テープなどを使って、「困っている自分の顔」をつくる。つくったあとで、「困った人を助ける絵を描きましょう。」

- 宝箱をつくる。
「思い出のもの」を小さな画用紙に描き、台紙に描いてある宝箱のところにのりづけする。
- 自分と生き物の絵を描き（何かに追いかけられている絵、もしくは追いかけている絵）、ハサミで切り取ったあと、裏面に磁石をつけて遊ぶ。
- 見本の絵に隠れている動物を見つけ、その動物を使って想像するようすの絵を描く。
- 行動観察のときに遊んでいたおもちゃが、寝ている間に遊び出すので、そのようすを想像して描く。
- 行動観察のときに動物パペットと糸電話でお話したことを絵に描く。

- 長方形の大きめの紙で、将来なりたい人の洋服をつくる。
首の部分を切り抜いたり、クレヨンで描いたりし、人形に着せ説明する。
将来の自分の絵を画用紙に描く。

- 画用紙を半分に折り、時間が経過したことが解る絵を描き説明する。

- 虫の鳴く声・犬の吠える声・飛行機の飛ぶ音を聞いて絵を描き説明する。（お手本あり）
- 紙コップ・折り紙・ストロー・画用紙・はさみ・のり・クレヨンを用いて「動く物」を自由につくり、先生の質問に答える。
- 画用紙にクレヨンやクーピーで「行きたい所、やりたい事」の絵を描き、切り取り、セロテープでモールに留め、スチロール製のボードに刺し、先生の質問に答える。

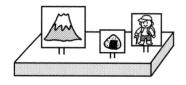

白画用紙にクレヨン使用。

● 「開けたり閉めたりできるもの」という課題で絵を描く。紙は本のように半分に折ってあり、数種類の大きさの中から自分で選ぶ。2枚目も描いてよいという指示がある。何を描いたのか質問される。

● 画用紙に描いてある形や線を使って絵を描く。何を描いたか先生に説明する。

● 「困ったときに助けてくれる人、役立つ生き物」という課題で絵を描く。
● ○、△、□の形の厚紙を画用紙に貼り、その形を使って絵を描き、先生に説明する。
● 卵とニワトリの絵を見せられたあと、植木鉢の横に絵を描きお話をする。

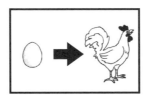 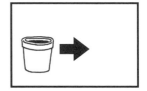

● 「お母さんにプレゼントをあげるとしたら、何をあげますか」という課題で絵を描く。
● 「男の子は、お父さんとお母さんと三人で夕飯を食べました。『ごちそうさま』と言って食器を台所に運ぶと、お母さんは『えらかったわね』と言ってくれました。男の子は『これから寝るまで何をしようかな』と考えました」という話を聞いて「あなたなら何をして遊びますか」というテーマで絵を描く。

● 「秋のある日、幼稚園のお友達は皆でお芋掘りに行きました。大きなお芋がたくさん掘れて皆大喜びです。『お母さんは、どんなお料理をつくってくれるかな』と、お話ししながら帰りました」というお話を聞いて、粘土で野菜や果物をつくる。「あなたが、その野菜や果物を家に持ち帰ったときの様子」というテーマで絵を描く。

● 「お友達にプレゼントしたいもの」という課題で絵を描く。
● 「自分がプレゼントされて嬉しいもの」という課題で絵を描く。

● モールや折り紙、セロテープを使って鍵をつくる。
● あなたはどんなときに、にこにこ笑顔になりますか。そのときの絵を描きましょう。
● （大型モニターでテレビを見たあと）お友だちに見せたいと思うテレビの場面を描きましょう。
● カゴと買い物券をもらい、買い物ごっこをする。5品目（食べ物）を選び買ってくる。今買ってきたものを使って、どんなお料理をつくるか考えて描きましょう。
● 色画用紙・折り紙・セロテープ・マジック・はさみを使ってお面をつくる。お面で変身した自分が遊んでいるところを描きましょう。
● 画用紙に自分がなりたい動物の絵を描いて、ストローとセロテープでペープサートをつくる。もう1枚の画用紙に好きな絵を描いて、その絵とペープサートで遊ぶ。

● 前のテーブルから、クレヨン、スティックのり、好きな色画用紙を持ってくる。別の小さい色画用紙に描かれた形をハサミで切って色画用紙に貼り、絵を描き足す。

● 『天使と赤ちゃん』の紙芝居を見る。泣いていた赤ちゃんが天使の贈り物で泣きやむが、どんな贈り物をもらったのか、赤ちゃんの絵が描いてある画用紙に描き足す。

● お出かけのお話を聞いた後、持って行きたいものを紙に描いて切り取り、鞄が描いてある台紙に貼る。

● ストローをいろいろな長さに切って段ボールに貼り、マジックで絵を描いて迷路をつくる。ドングリをスタートから転がして、ゴールまで行くようにする。

● 『働く車』のビデオを見たあと、画用紙に道を描き、ミニカーを１つ選んで道の上で動かして遊ぶ。

● 紙に描かれた線を使って動物のお面をつくる。被れるように、先生が紐をつけてくれる。

運　動

（グループにより出題は異なる。）
● 自分のマークのところに立ち、準備運動をおこなう。
● 指おり。指をパーにひらいて親指から順番におっていく。グーになったら小指から順に伸ばしていく。
● 左足および右足での飛行機バランス。
● 身体ジャンケン。

[模倣体操]

● 両足を少し開いて立ち、体を左右に倒す。腕を伸ばしたまま、左手は左足に、右手は右足につくように2呼間ずつ横に倒す。その後、両手を上にあげバンザイのポーズを2呼間、そして次の2呼間は片足バランスをする。計8呼間を繰り返す。次に卵のポーズ（しゃがんで体を丸めて小さくなる）をし、卵の中から恐竜が出てくる様子をおこなう。好きな恐竜になっていろいろなところへ行き、再び卵（始めと同じ姿勢）にもどる。その後、音楽に合わせて指の屈伸をする。5本の指を順番に折っていき、そして起こしていく。

[連続運動]

● 足を揃えてグー跳び、またはスキップ→　コーンにタッチ→先生にボールを投げる→先生が転がしてきたボールを取る→ゴムを跳んでくぐる→走る。

● サーキット。かぶり物をつけている先生の指示を聞く。
　ケンパー、またはスキップ→　コーンにタッチ→　走る→　マットの上でクマ歩き、またはおいもゴロゴロ→　コーンの間をジグザグ走り。コーンにタッチ→　走るまたはスキップ

● 青い四角からスタート→走る→コーンをまわる→スキップ→赤い四角にゴール。

● 青い四角からスタート→ピンクと水色の線をシャトルラン→ボールをとってコーンの横から壁にボールを投げる（三重丸の的）。2回投げて拾ったボールをコーンを回ってから置き、赤い四角まで走ってゴール。

● 青い四角からスタート→　的当て（赤と白のお手玉を鬼の絵にあてる）→　お手玉をカゴに戻す→　右足ケンケン（6回）、左足ケンケン（6回）→　ぴょんと跳んで赤い四角にゴール

●「よーい」で後ろ向き体操座り。→「ドン」で青い四角からスタート。ケンケンパー3回→走ってコーンをまわる→ゴム3本を飛び越し→走る→赤い四角にゴール。

● 走る→クマ歩き→トンネルくぐり→走る
　走る→平均台を渡る→おいもゴロゴロ（横転）→トンネルくぐり
　走る→ゴム段を跳ぶ、くぐる→台にのぼりジャンプする
　走る→トランポリンを跳ぶ→あざらし歩き

● 走る→コーンにタッチ→平均台　→　コーンの間をジグザグ走り　→　ケンパー。

● ケンケン→クマ歩き→後ろクマ歩き→ゴム跳び
　走る→コーンの上にのっているボールを取って、壁に投げてキャッチ→走る→ボールを戻す
　走る→ボール投げ→ゴム跳び→ボールでドリブル

● ヒーローの紙芝居を見たあと、修行をする。ジャンプ→前後屈→左右にケンケン→跳び箱→ゴール。
　でこぼこ道を歩く→網をくぐる→ゴムを、くぐる→跳ぶ→くぐる

● ケンケン→ボール投げ（先生に向かって2回・先生は転がして戻す）→ダッシュ
● かけっこ→こぶをジグザグに渡る→高さ10cmくらいの、くねくね曲がった道の上を歩く→マットで前転
　→跳び箱のよじ登り降り。
● スキップ→ゴム跳び3回（または2回跳んで1回くぐる）→ダッシュ
● 玉運びゲーム（個人と6人チームの2回おこなう）。
　ラグビーボール3個・バスケットボール6個・野球ボール5個を、お玉・ラップの芯・ござ・大小のマットを使っ
　て運ぶ。

● 2人1組になって、ボールを段ボールに乗せて運ぶ。（コーンを回って往復する）
● ライオンとワニのまね。先生と同じポーズをすれば勝ちというゲーム。
● 走ってカゴのところまで行き、白と赤の玉を的に向かって投げる（2回）。

指示行動

グループによって出題は異なる。

- 2色のグループに分かれて、ボール運び競争をする。4個ずつ4列に並んだカップのところに、番号順にかごのなかのボールをとって置いてくる。その際にボールが縦、横、斜めに3つ揃ったら勝ちとなる

- 大きなボールをグループで転がしていく。2つのコーンの間を通ったり、直角に曲がったり、丸い穴の開いたところに入れたりする。

- 島渡りゲーム。2つの島の間を海に見立てて、大・小のマットを床に置きながら移動する。向こう側の島まで全員がたどり着いたチームが勝ち。また、移動中にマットから落ちてしまうとその人はスタートに戻って、マットを渡すだけで、再度渡っていくことはできないルール。

- 制作でつくったマラカスを使って、音楽に合わせてダンスをする。

- 的当て。
- 紙をつなげて線路をつくる。
- 大きなパズルをつくる。完成したらベルを鳴らす。
- 段ボールでつくったバスに乗って競争する。
- 積み木でお手本と同じタワーをつくる。
- 積み木をできるだけ高く積む競争をする。

- 自分のマークと同じ色の帽子をかぶり、グループに分かれる。はじめに1人3枚コインをもらい、友だちとジャンケンをして、勝ったら負けた人のコインをもらう。コインが5枚になったら、4か所のいずれかにチャレンジできる。この時、自分と同じ色の帽子の子とはジャンケンしない。①玉入れ②縄跳び（5回以上）③積み木（三角コーンより高く積む）④クイズ（1つ正解）①〜④のどれかをクリアすると金メダルがもらえる。クリアできずに手持ちのコインがなくなると、先生に「コインをください」と言ってもらい、再びジャンケンに参加できる。

- 紙コップで見本と同じものをつくる。
- 2つのチームに分かれて、平均台の上を進みドンジャンケンをする。
- 2人1組で平たい板にボールをのせて、2チーム対抗で箱まで運ぶゲームをする。
- お城のようなお手本があり、同じように箱やソフトブロックを積む。向きや柄をよく見て積む。
- ストラックアウト、輪投げ、飛行機、車などで自由に遊ぶ。

- グループで相談しながら、ボール、筒、輪を使って高く積む。ボールはいろいろな種類がある。ボールが動かないように輪で土台をつくり、ボール → 筒 → ボール → 筒と順に積んでいく。
- 5人ずつのチームに分かれ、順番に1人ずつ中央の線まで「フラミンゴ」や「歩く」など指示に合わせて行動する。線にたどり着いたら、タッチして元の場所に戻る。
- 黒ひげ危機一髪ゲーム、ままごと、スリンキーなどで自由に遊ぶ。1人1つ、虹色のスリンキーが配られる。
- 魚釣り、ボール、ジェンガ、オセロ動物のおもちゃなどで自由に遊ぶ。

- 段ボール板、穴あきブロック、画用紙、色つきの箱などを使って、大工さんごっこをする。先生の指示や見本通りに完成したら、そのお城のなかで遊ぶ。
- 糸電話をつくり、先生や友だち、または動物のパペットのなかから選んで、お話をする。
- 動物を当てるジェスチャーゲーム。カードを選び、問題を出すグループと答えるグループに分かれる。
- 青と赤帽子チームに分かれ、電車を走らせるための線路をつくる。
- 見本の通りにみんなでパズルを使って、電車の地図をつくる。

- 20人位を2つのグループに分け、ドンジャンケンゲームをする。あまり高くない平均台を使用し、「負けたらお友だちの後に付き、勝った人は、仕切りのある箱にボールを投げ入れ、ビンゴになったらそのチームの勝ち」というルールで遊ぶ。

- 20人位のグループで、音の指示に従う。床に赤・青・黄のテープが貼ってあり、「たいこが1回鳴ったら、赤を踏む。2回鳴ったら、青を踏む」などの約束を覚え行動する。

● コマ・輪投げ・あやとり・カルタ（2枚揃える神経衰弱）・積み木・パズル・レゴブロック・パターンブロックなどを使って20人で自由遊び。

　自由遊び中、
　・スモッグの着脱とたたみ。
　・「好きな歌は何ですか。歌ってください」と声をかけられる。
　・先生からいくつか質問される。
　　「ふだんはどんなことをして遊びますか」「お父さんと何をして遊びますか」
　　「好きな運動は何ですか」「夏の思い出は何ですか」「今、行きたい所はどこですか」　など。

● カゴに入っているたくさんの果物や野菜の中から、先生が言ったものをグループで相談しながら取ってくる。
　ただし1回にひとり2個（片手に1個ずつ）の約束がある。
　取ってきたものはフープに並べてみんなで確認し、多かったら戻す。各3種類で数指定「レモン4個・なす5個・とうもろこし8個…など」

● 浦島次郎の冒険の紙芝居（浦島次郎が浦島太郎を助けるお話）を見る。
● 動物の一部分が見えていて、何の動物か、みんなでいっしょに答える。
●『虹の国のスーパーマン』の紙芝居を見る（魔法使いに積み木を壊されたり、魔法をかけられたりしたあと、ヒーローが来て助けてくれるお話）。
　その後、3チームに分かれて、紙芝居に出てきた3人のスーパーマンの、大きなパズルをつくる。
● みんなで歌を歌う。（おたまじゃくしの歌、あかちゃんの歌）

新渡戸文化小学校

〒 164 – 8638 東京都中野区本町 6 – 38 – 1 ☎ 03（3381）0124

絵画制作

- 顔リレー。最初に顔の輪郭と髪の毛を描く。描き終わったら、時計回りに画用紙をお友達に渡す。受け取ったお友達の絵に眉と目を描く。また交換して耳と鼻を描く。また交換して口を描く。
- 自画像を描き、お友達と交換する。
- お友達にあげたいプレゼントを描く。
- クレヨンで魚の絵を描く。描いた絵を全員でセロテープを使ってつなげる。
- 先生から「お題」が出されて、グループに分かれてしりとりをする。出てきたものの絵を描く。

運　動

- 準備体操。屈伸、伸脚、腕まわし、肩まわし、前後屈など。
- 模倣体操。
- サーキット。名前を言ってからスタートラインへ。ケンパー→ボールつき→ボールを壁に投げる→ボールを拾ってカゴに戻す→ジグザググージャンプ→スキップで列の最後に戻る。
- 6 人対 6 人で平均台でドンジャンケン。
- かけっこ。戻ってくるときはクマ歩き。
- ボールをかごに入れる。
- ボールを使った運動（まりつきなど）。
- 前転。

指示行動

- みんなでサンドイッチを食べる。途中で先生から質問される。
- グループに分かれて面接（名前、幼稚園・保育園の名前、読んでいる本など）。

立教女学院小学校

〒 168 − 8616 東京都杉並区久我山 4 − 29 − 60 ☎ 03（3334）5102

絵画制作

● 点線をなぞりカバンを描く。
● 見本を見て同じように傘を描く。
● 下書きされたドレスの絵に、好きな色で塗る。
● 魚が描いてある用紙に色を塗り、切り取る。青い用紙に海藻を書いて、四角い箱にする。
● ハサミ、ノリ、画用紙、紐を使って提灯をつくる。それぞれに道具と見本が用意されている。

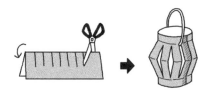

運　動

● 模倣体操。「大きなくりの木の下で」の曲に合わせて、先生と同じように
　体を動かす。
● 的当て。
● ボール投げ。2 mほど離れた黒いケースに、上から投げ入れる。
● かけっこ。
● 大縄跳びを3回跳ぶ
● 太鼓に音に合わせてジャンプしながら、足型の通りに進む。
　パー　→パー　→右足ケン　→左足ケン　→両足クロス　→パー

● 紐に触らないようにかがんで前進→川を跳び越す→
　仰向けで紐の下をくぐる。
● 合図があるまで縄跳びを跳ぶ。
● フープ跳び。合図があるまで、フープを回して跳ぶ。

[連続運動]
● 両足跳び→ゴムをくぐる→後ろ向きに走る→マット
　で前転（2 回）。最後は先生に指示されたコーンのと
　ころに並ぶ。
● 後歩き、つま先歩き、スキップ、ギャロップ。
● ゴムを両足跳び→　くぐる→　マットで前転→　鉄
　棒ぶら下がり5 秒→　縄跳び。やめの合図があるま
　で続ける。

指示行動

[巧緻性]
● 靴型のボール紙に紐を通して蝶結びをする。
● 先生が中の見えないビンを振る。音を聞いて中身を考える。紙皿から箸でつまんで紙コップに移す。
● お手本と同じように積み木を並べる。
● 3種類の豆を、紙皿から紙皿へ、塗り箸で移す。
● エプロンを着る。ひもは後ろでちょう結びをする。

● 先生が手をたたきながら名称を言う。手拍子で歩いていた子どもたちは立ち止まり、言葉の数だけ手をたたく。「にわとり」「めんたいこ」など。ただし、「これが最後です。○○○、集まれ」と言われたら、言葉の数の友達と手をつなぎ仲間をつくる。

[ジャンケンゲーム]
● グー・チョキ・パーのカード3枚を持って、お友達とジャンケンをする。音楽が流れている間は歩いて、曲が止まったら近くにいる人とジャンケン。勝ったらカードをもらう。

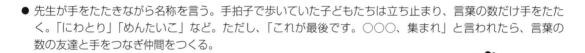

[しりとりゲーム]
● 2グループにわかれて、丸く待って座る。風船をまわしながらしりとりをする。

● ボール送り。
　1列になって、前から、後ろからボールを送る。

● それぞれに米、豆、塩、小さな積み木が入っている筒を持ち上げたり、振って音を聞いたりして当てる。

● 4つの缶の中から、中にお米が入っている物を、音で探して選ぶ。
● 先生と同じようにパズルをつくる。
● 伝言ゲーム

● 四角い粘土を2つに分け、1つは丸くし、もう一つはできるだけ長くして、蛇チャンピオンを決める。

● ボール、輪投げ、ボーリングなどで自由に遊ぶ。
● 2人組で、タンカのようなものにボールを乗せて旗のところを周ってくる。3チームで競争。

光塩女子学院初等科

〒 166 - 0003 東京都杉並区高円寺南 2 - 33 - 28 ☎ 03 (3315) 1911

絵画制作

● しょんぼりしているウサギさんを元気づけるために、グループで相談して絵を描く。完成後、模造紙の半分ぐらいの紙にその絵を貼り、まわりに絵を描き足す。最後にどういう絵なのかを発表する。
● 机の上に画用紙、鉛筆、おはじき、目玉シール、輪ゴム、クリップなどがあり、それを使って自分の顔を描き、丸めて留める。
● グループでお絵描き、塗り絵遊びをする。

運　動

6 〜 7 人ずつのグループでおこなう。
● 準備体操。
● かけっこ、ケンケン、スキップなどで競争する。
● ジャンプをしながら、手足を開いたり閉じたりを4回くり返す。
● 目をつぶったまま片足バランス。
● 先生の合図でジャンプ (10 回)、ケンパー (10 回)。
● 手足を先生と同じようにグー・パーする。
● リズムにあわせて、足を揃えたりひらいたりする。
● ケンケン　→　スキップでコーンをまわる。
● ジャンケンゲーム。
● 丸くなってスキップし、途中で 'はい、ポーズ' と言われたら、片足で止まる。
● 「どんぐりころころ」の歌に合わせて、ケンケン、スキップをし、合図で逆回り等をする。

指示行動

[集団行動]

● 4人グループで、1つの果物の絵をクーピーペンで描く。

● ジャンケン大会。先生とジャンケンをして、勝った人は立ち、あいこと負けの人は座る。2回目は負けた人は立ち、あいこと勝った人は座る。3回目はあいこの人は立ち、勝った人と負けた人は座る。

● ドンジャンケン。

● 20人ほどでジャンケン電車をする。

● 花いちもんめ。

● お店屋さんごっこをする。お店の人、お客さんの役割を決め商品を取りに行く。「目をつぶって片足立ち」が長くできたチームが、最初に机に用意された商品を取りにいける。

● グループで物語の劇をつくる。

● 自由に挨拶をしてお友だちをつくる。

● グループで新聞紙を使って自由に遊ぶ。

● お友だちと協力して新聞紙を長くちぎる。ちぎった長さによって順位を決め、賞品をもらう。もらったもので自由に遊ぶ。

● 縄跳び、フープ、ボール、新聞紙などで自由遊び。
（自由遊びの最中に、夏休み中に自分で読んだ本、もしくは読んでもらった本を聞かれる。なお、質問は全員におこなわれ、一人ひとり違った質問を出される）

● 2枚の紙（B3版）の端をセロテープでつなぎ合わせ、シートをつくる。
新聞紙を手でちぎったり丸めたりしてお菓子をつくる。
お菓子を袋に入れ、先生の後についてスキップで山へ出かける。
部屋にはドングリやブドウ、ウサギの絵が貼ってあり、ごっこ遊びをする。

● 先生が鬼になって『だるまさんがころんだ』をする。
子どもたちはケンケンで前に進み、止まるときは片足立ちをする。

● 「小学校に入ってやりたいこと」、「好きなもの」、「土日に家族で何をするか」など質問され、お友達と違うことを答える。

● ビンゴゲーム。
季節の絵カード9枚と台紙を受け取る。先生から「3．秋の果物　5．春の花」等の指示がある。縦横斜め、いずれかが揃ったら「できました」と言う。

立教小学校

〒171 - 0021 東京都豊島区西池袋 3 - 36 - 26 ☎ 03（3985）2728

運　動

● 4 人 1 組で、色コーンで分けてある直線コースをかけっこ。

● 「とんでったバナナ」を歌う
● 「アルプス一万尺」を歌う。
● 「ドレミの歌」をいっしょに歌う。
● 「すずめがサンバ」の曲に合わせて先生のまねをして踊る。そのあと、自分で考えて自由に踊る。
● 「アイアイ」をみんなで歌う。
● 「小さな世界」の曲に合わせて、先生のまねをして踊る。そのあと自分で考えて自由に踊る。
● 「人間ていいな」の曲に合わせて先生のまねをして踊る。最後に自分で考えて踊る。
● 「おもちゃのチャチャチャ」や「ボロボロロケット」の曲に合わせて先生のまねをして踊る。そのあと、自分で考えて自由に踊る。
● 「線路は続くよどこまでも」の曲に合わせて、先生のまねをして踊る。その後、自分で考えて自由に踊り、最後に好きな生き物のポーズをする。
● 「さんぽ」の曲に合わせて先生のまねをして踊る。そのあと自分で考えて自由に踊る。
● 「100％勇気」で先生のまねをして踊る。
● 「森のくまさん」、「崖の上のポニョ」、「となりのトトロ」で自由に踊る。
● ピアノにあわせてみんなで行進をする。

● 虫ジャンケンをして遊ぶ。「先生と違う虫になったら勝ちです。先生と同じ虫になったら負けです。」という
約束で、腕を動かし虫のポーズをつくる。

● 先生の弾くオルガンに合わせて歩く、止まる、自由に踊る。
音楽が止まったら体のジャンケンをする。（先生に勝つように・負けるように等と指示あり）

個　別

● 4色の丸いシールが用意されていてお手本（信号・いもむし・風船
など）をみながら、同じようにシールを貼る。そして、上から何番
目のシールの色、下から何番目のシールの色はなにかなどの質問が
あり、その答えはパターンブロックを使って答える。

● 長さの異なる3種類の板（プレート）を使って、家、カブトムシ、ヤドカリの形をつくる。プレートを組み
合わせて、台紙の絵に大きさを考えて置いていく。

● 立体パズル（ジオシェープ）をお手本の通りにつくる。

[数量]

● てんとうむしの絵（黒丸7つ）を使って、7の補数を考える。
（例）黒丸を2つ指で隠し、残りはいくつかを同じ数のサイコロの目を出す。その後、先生の提示するサイコロの目の反対側の数だけ、色付きの板を裏返す。

  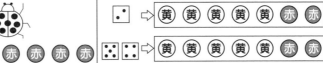

[推理] オセロ使用

● 黒丸1コでりんご10個もらえます。白丸だと半分になり、りんごは5個になります。
白丸1コでみかん6個もらえます。黒丸だと半分になりみかんは3個になります。
りんご15個にするにはオセロはどうなりますか。2つのマス目のなかに置きましょう。
みかん12個ではオセロはどうなりますか。マス目のなかに置きましょう。

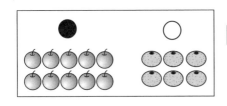

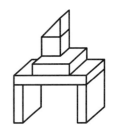

[構成] 青・橙・赤・黄色の4色の積み木が各3個ずつある。

● お手本と同じものを積みましょう（数パターン）
● 積んだ積み木を、先生の指示した色の積み木を順にとっていく。
例：横にぴったり並んでいる青を2つとってください。橙色を1つとってください。（とったら上に載っている積み木はそのまま下へずらす）
残った積み木は何色ですかなどの質問があった。作業を正しくおこなえているかのようすをチェック。

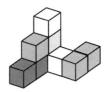

[知覚] 4種類の形の違う積み木を使用。

● （積み木の絵を見て）上から見たらどう見えますか。置いてみましょう。
その後できるだけ高くなるように積み木を積んだりする。

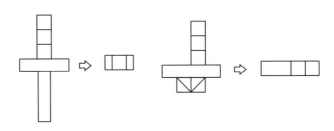

[**ジャンケンすごろく**]

● グーで勝つと1マス、チョキで勝つと2マス、パーで勝つと5マス進むという約束で、提示された絵を見て、キツネとタヌキがどこまで進むのかを考えて、動物の顔が貼ってある木のコマを置く。台紙の★印からスタートする。端まで進んだら、また元に戻ってくる。
次に、パーとチョキの約束はそのままで、グーは進むことができないとい約束に変えて4問ほどおこなう。

 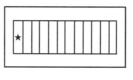   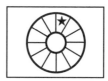

● パターンブロックを先生に勝つように置きましょう。
先生に負けるように置きましょう。

● ホワイトボードにくっつけた、パターンブロックの見本と同じように置く。

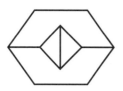

● ブロックの置き換え（同じ大きさになるブロックの説明を聞いたあと）
△はいくつ必要ですか。

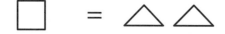

● 「赤のシールはパン、青はタバコ、黒と黄は牛乳です。それぞれの人が買
　ったものの上にカードを置きましょう。

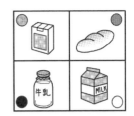

動物たちがジャンケンをする話を聞き、"勝ったらそのまま。負けたらオセロを裏返しにする"という約束で、絵
の下にあるそれぞれのオセロを裏返す。（最初はすべてが白）

● カメとウサギがジャンケンをして、カメが勝ちました。
● サルとカメとウサギとカニがジャンケンをして、カメと
　ウサギが勝ちました。
● カメとサル、ブタ、ウサギ、カニ、オオカミがジャンケ
　ンをして、カメとブタとオオカミが勝ちました。

リンゴを1つ買うには、白と黒のオセロコマ1つずつ、み
かんを1つ買うには、白のオセロコマ2つ"という約束で、
先生の話を聞き、買い物に必要な分だけコマを置く。（1問
ずつコマを元の位置にもどすように指示される）
● リンゴを2つ買いましょう。
● ミカンを1つとリンゴを1つ買いましょう。
● ミカンを3つ買いましょう。

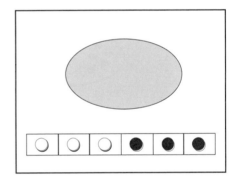

● カメのカードを置いたら、全部のコマが裏返ります。ウサギのカードを置いたら、1つおきに裏返ります"
　という約束で、オセロのコマを変えていく。

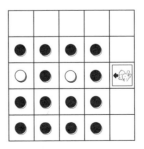

● 向かい合った面に同じ絵（グー、チョキ、パー）が描いてあるサイコロを見せられ、1 回転がすと 1 番上に
何がくるかを説明される。

● サイコロを動かさないで考えて、碁石を置きましょう。

グーからスタートすると、
○には何がきますか。
△には何がきますか。
□には何がきますか。

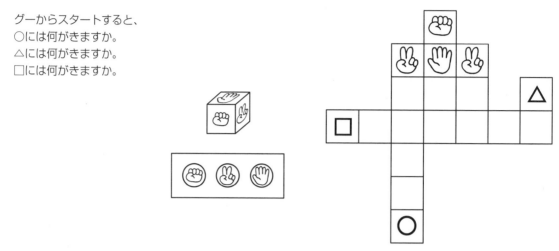

[鏡図形]
● 黒と白の碁石、三角と四角のパターンブロックを使用する。キツネのマス目をみて、ゾウやパンダのところ
に置く。

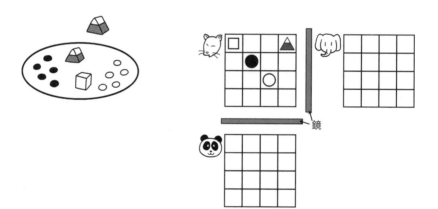

● 4つの絵がどのように動くか
約束を聞いてから考える。

● 星のところまで、どの約束で進めばよいですか。
（みかん・うさぎ・うさぎ）

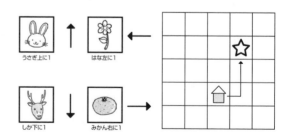

● オセロの白 1 枚でキャラメル 4 個、オセロの黒 1 枚でキャラメル 2 個買うことができます。
　・男の子は●○●でキャラメルを買いました。いくつ買うことができますか。

[巧緻性、分割]
動物の絵が描かれたお皿3枚に白黒の小さい碁石を割り箸で分ける。
● 黒の碁石をみんなで仲良く食べられるようにお皿に分けてください。（白も同様に）

[数量]
● 赤いポケットに碁石を入れて、1回たたくと1つ増えます。青いポケットに入れて、1回たたくと2つ増えます。碁石は何個になったか、☆印の位置から置いていってください。ポケットのついたエプロンを着た先生がそれをたたく。

[位置の記憶]
● 離れたところにある見本を見てきたあと、自分の場所で同じように碁石を置く。（手でつまんでよい）

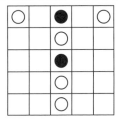

[重ね図形]
● マス目に●が書いてある2枚の紙を重ねると、どうなるか考えて碁石を置く。

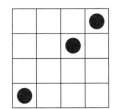 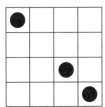 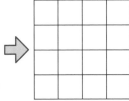

[位置の移動]
B4の大きさにマス目が書いてあり、自転車の絵の上に碁石がある。
● 先生が「ぱん」と言ったら上へ、「ぽん」と言ったら右へ動かします。

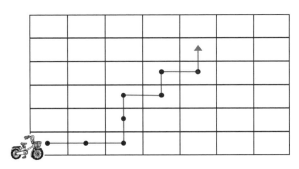

指示行動

[絵本の読み聞かせ]

「もりいちばんのおともだち」「あめのもりのおくりもの」（作：もりゆみこ / 福音館書店）を集団で聞き、個別に質問される。
- クマさんとヤマネくんが初めて出会ったときどう思いましたか。
- クマさんは何が好きでしたか。（小さいもの - 赤、グニャグニャしていないもの - 黄、大きなもの - 青の3色の丸から選択）
- クマさんとヤマネくんはブルドッグの店長から何をもらいましたか。
- 苗を育てたら何ができましたか。
- できた野菜と同じ季節の野菜はどれですか。
- どうしてクマさんは雷が怖いのに外に行ったのですか。
- 2つのお話に出てきた動物は何ですか。

「ハロルドのふしぎなぼうけん」（作：クロケット・ジョンソン）の映像を見る。
- 3色の面のサイコロを使い、答えるときには正しい色が上になるように置く。
- クレヨンの絵は何色でしたか。
- ハロルドの上に飛んでいたのは何ですか。
- 道が終わったときに何が描かれていましたか。

「ロバのシルベスターとまほうの小石」（作：ウィリアム・スタイグ / 評論社）を集団で聞き、個別に質問される。
- お話のなかに何がでてきましたか。
- 主人公の名前はなんでしたか。
- まほうをかけて石になれと言われて、まだ他に何かやれることはありましたか。
- もしあなたがロバになって、ライオンに食べられそうになったら、どんなまほうを使いますか。
- お話の順番になるようカードを並べましょう。

「ジョーイのぼうけん」を集団で聞き、3色の面のサイコロを使い、正しい色が上になるように置く。
- 口の中に入れたのは誰でしたか。カラスだと思ったら赤、ペリカンだと思ったら青、白鳥だと思ったら黄色を出しましょう。
- 最初お腹のなかに入っていたのは誰でしたか。クマだと思ったら赤、うさぎだと思ったら青、カンガルーだと思ったら黄色を出しましょう。
- お話のなかにでてきていないものは誰ですか。カラスだと思ったら赤、ペリカンだと思ったら青、ブタだと思ったら黄色を出しましょう。
- 飛ぶことができるのは、ペリカンですか（赤）にわとり（青）カメ（黄色）ですか。

「ガリバー旅行記」を集団で聞き、個別に質問される。
- あなたが小人の国に行ったら、何をしたいですか
- 王様は最後にガリバーを元の町に戻すとき、どう思ったでしょうか。
- 自分が王様だったら、ガリバーが追い出されたとき、何と言いますか。
- あなたがガリバーだったら、最後に「バイバイ」と言ったあとに何と言いますか。（3色の〇の中に、質問に合う答えを考えて、碁石を置いたりする）

「夢みるパナマ」（作：ヤーノッシュ / きんのくわがた社）を集団で聞き、色のついたサイコロで、正しい色の面が上になるように置く。
● 木箱の中はどんなにおいがしましたか。
● 冒険に行ったのはクマと誰ですか。
● 冒険に行って手に入れたものは何ですか。

「おちゃのじかんにきたとら」（作：ジュディス・カー / 童話館出版）「ライオンをかくすには」（作：ヘレン・スティーヴンズ / ブロンズ新社）「ごきげんなライオン」（作：ルイーズ・ファティオ / 福音館書店）などのお話を集団で聞き、個別に質問されるものと集団の中でおこなわれるものがある。
● 問題の答えを考え、プリントの3色の○の上に碁石を置く。
● どうして次の日、買い物をたくさんしたのですか。
● ライオンが隠れた場所はどこですか」

「かいじゅうたちのいるところ」（作：モーリス・センダック / 冨山房）を集団で聞き質問される。

「3匹の子ぶた」のDVDを見たあとで集団でおこなう。
● 1番目のぶたは何で家をつくりましたか。鉄だと思う人は指を1本、わらだと思う人は指を2本、プラスチックだと思う人は指を3本出しましょう。
● 3番目のぶたは何で家をつくりましたか。わらだと思う人は指を1本、木だと思う人は指を2本、レンガだと思う人は指を3本出しましょう。
● オオカミはどこに落ちたでしょう。油と火だと思う人は指を1本、ブランコだと思う人は指を2本、ベッドの上だと思う人は指を3本出しましょう。
● あなたが今までにうれしかったときは、どんなときですか。お話しできる人は手をあげてください。
　（数人が番号を呼ばれ起立して答える。全員が順番に話すわけではない）

「アナグマのもちよりパーティ」（文：ハーウィン・オラム / 絵：スーザン・バーレイ / 評論社）
2人ずつ呼ばれ廊下の椅子に座って待つ、1人が入室しいくつかの質問に答える。
● お話の順番に絵カードを並べましょう。
● お話にでてこなかった動物はどれですか。（数枚のカードから1枚選ぶ）
● シルクハットの帽子から出てきたものは何ですか。
● モグラが鼻の上に乗せたものは何ですか。
● パーティには誰が何を持ってきましたか。
● アナグマ君が言った「きみじしん」とはどんな君ですか。
● モグラ君がした2つのことは何でしたか。
● 先生がアナグマになって「今日は来てくれてありがとう」と言う。
　それに対してモグラ君になったつもりでお話をしてください。

「わすれられないおくりもの」（作：スーザン・バーレイ / 評論社）を集団で聞き、個別に質問される。
● お話に出てきた順番にカードを並べる。
● 3色の○のなかに、質問に合う答えを考えて碁石を置く。

「どろんこハリー」（作：ジーン・ジオン / 福音館書店）
先生の質問したことを積み木を使って答える。答えは3択で、答えの色が上の面になるように置く。

「ハリーのセーター」（作：ジーン・ジオン / 福音館書店）

「うみべのハリー」（作：ジーン・ジオン / 福音館書店）
● ハリーはどれですか。
● 日陰を探してハリーが歩きまわった順にカードを並べましょう。
● いつも海辺に出ていたものは何でしたか。
● ハリーが気に入ったビーチパラソルの模様は何でしたか。
● 海辺にいるみんなが身につけたり、かぶったりしていたものは何でしたか。
● 緑の服のおじさんは、ハリーをどこに連れて行こうとしましたか。
● ハリーが「どうしたの？」と思っている様子を表現してください。

「さるかに合戦」「うさぎとカメ」など、いくつかの昔話を元にしてつくった話を集団で聞き、個別に質問される。
● 問題の答えを考え、プリントの3色の○の上に碁石を置く。
　「競争でウサギが勝ったと思う人は赤色に、カメが勝ったと思う人は黄色に、"あいこ"だったと思う人は青色に置きましょう。」
●「さるかに合戦」のお話では、どこに何が隠れていましたか。カードを置きましょう。お話に出てこないカードはお皿に入れましょう。

「ハリネズミと金貨」（作：ウラジーミル・オルロフ / 偕成社）
絵本の絵を見ながら話を聞いたあとで、個別に質問される。
● ハリネズミが会った順番にカードを置きましょう。
● ハリネズミは誰から何をもらいましたか。
● ハリネズミはどうして蜂蜜が必要だったのでしょう。
● ハリネズミは最後に金貨をどうしましたか。
● あなたなら何が欲しいですか。それはどうしてですか。

「にじいろのさかな」（作：マーカス・フィスター / 講談社）のDVDを見たあとに、集団でおこなう。
先生の質問したことに指で答える。
● 1番目に、ニジウオの悩みを聞いてくれたのは誰ですか。ヒトデだと思う人はグーを、クラゲだと思う人はパーを出しましょう。
● 2番目に、ニジウオの悩みを聞いてくれたのは誰ですか。イカだと思う人はグーを、タコだと思う人はパーを出しましょう。
● 魚たちが、ニジウオの鱗を欲しがったとき、ニジウオはどんな気持ちでしたか。
　「嬉しかった」だと思う人は指一本、「悲しかった」だと思う人は指2本、
　「不思議だった」だと思う人は指3本を出しましょう。
● 最後に、ニジウオはどんな気持ちになりましたか。「嬉しい気持ち」だと思う人は指1本、「悲しい気持ち」だと思う人は指2本、「幸せな気持ち」だと思う人は、指3本を出しましょう。

「ベッドのしたになにがいる」（ジェームズ スティーブンソン作）を見る。
先生の質問（3択）に指の数で答える。
- カチカチと音がしたのは何ですか。
- ペラペラと鳴ったのは何ですか。
- 大きな鳥かと思ったのは。
- おじいさんには毛がありましたか。
- お話に出てきたのは誰ですか。
- 1番怖いお化けは何ですか。
- 何のお化けが好きですか。
- コウモリのどこが好きですか。
- 怖い顔をしてください。

「ぶたぶたくんのおかいもの」（作：土方久功 / 福音館書店）
ぶたぶたくんがお母さんに頼まれて、初めておつかいに行くお話を聞いたあと2人ずつ呼ばれ、1人が部屋に入る。
もう1人は部屋の前で待つ。表裏に絵が描かれた紙と、お皿に置かれた碁石が3個用意されている。
- ぶたぶたさんはどちらに帰りましたか。碁石を置きましょう。
- パン屋さんはどこにありましたか。

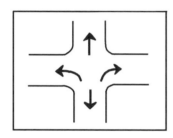 

- お話には誰が出てきましたか（先生の持っている絵と同じ場所に碁石を置く）。
- 八百屋さんでは何を買いましたか。

「ポレポレやまのぼり」（作：たしろ ちさと / 大日本図書）
- ヤギの荷物を持ってあげたのは誰ですか。
- みんなに料理をつくってあげたのは誰ですか。
- お話の順番にカードを並べる。

「はじめてのおつかい」（文：筒井頼子／絵：林明子／福音館書店）

プロジェクターでスクリーンに投影された絵を見ながら女性の先生のナレーションを聞く。パーテーションで仕切られた教室に2人ずつ呼ばれ、1人は入室、1人は廊下のイスに座って待つ。

● 買いものに持っていったお金はいくらでしたか。
● 牛乳はいくらでしたか。
● お話に出てきた人を登場した順に並べてください（カード4枚）。

「ふゆじたくのおみせ」（作：ふくざわゆみこ／福音館書店）

● やまね君は、ドングリ500個でクマ君に何を買いたかったのですか。
● クマ君は、ドングリ50個でやまね君に何を買いたかったのですか。
● クマ君がもらったはっぱの手紙はどれですか。
● リスさんはチョッキを手に入れてどんな気持ちでしたか。
● ジャンケンで負けたときのクマ君の気持ちはどうでしたか。
● （4枚の動物の絵があり）今のお話に出てこなかった動物に碁石を置きましょう。

「つみきのいえ」（監督：加藤久仁生）

アニメーション映画を見たあと、その場で質問される。

● 家から落としたものは何ですか。
● おじいさんは何人ですか。
● おじいさんの着ていたシャツは何色ですか。
● おじいさんのはいていたズボンは何色ですか。
● おじいさんが最後につかんだものは何ですか。
● 水の中には何がありましたか。
● おじいさんは何人家族ですか。

など、1人3問ほど指名される（わかった人は黙って手を挙げる約束）。

川村小学校

〒171－0031 東京都豊島区目白 2 － 22 － 3 ☎ 03（3984）8321（代表）／ 7707（入試広報室）

絵画制作

- 紙芝居を見たあとに、内容に合った絵を描く。
- 絵本の読み聞かせ「ぼくのクレヨン」の話を聞いたあと、お話のなかの好きな場面を描く。
- グループの友達と相談して、大きな紙に好きな絵を描きましょう。
- グループで相談して秋の絵を描く。
- 植木鉢の絵がかいてある紙が配られる。
  ベランダの植木鉢に、ある日小さな芽が出ました。何の花かわかりませんが、毎日水をあげました。1か月ほどたって、きれいな花が咲きました。どんな花でしょう。描いてみましょう。
- クレヨンで葉っぱに色を塗った後、輪郭通りにハサミで切り取り、リボンを細結びする。
- 青いクーピーで髪の毛を描いて、かわいい女の子にしましょう。

運　動

- ボール（ドッチボール）を 5 球連続で投げる。2 ～ 3m 先のかごのなかに入れる。
- ボール投げ（上級生に向けて投げる。フープの中に入れるなど）。
- ヘビ跳び（横波）3 回、波跳びを 10 回。
- 上級生の後に続いてスキップ、走る。
- リレー。
- お手玉 2 個を 2m ぐらい離れたフープの中に、下手投げで投げ入れる。

● 平均台（前歩き→途中で体の向きを1周させる→前歩き→ジャンプして降りる）。
● 平均台の前歩き→跳び箱の上から飛びおりる。
● ケンケンパー。
● スキップ。
● 身体表現。チョウチョウやゴリラなどのまねをする。
● 縄跳び。

指示行動

● 先生の指示の通りにボールを渡していく。

● ドンジャンケン。フープの両端からサイコロの目だけ進んで行く。サイコロは次の人が転がす。相手チームの陣地まで進めたら勝ち。

● イスとりゲーム。円形に並べたイスの外側を回り、歩く。曲が止まったらイスに座わる。
　はじめは全員座われるが、だんだんイスの数は減っていく。

● フルーツバスケット

● お弁当箱の包みをあけて、セットになったお箸でお弁当を食べるまねをする。食べ終わったらお弁当箱を包み、用意されたリュックサックの中にしまう。

● 自由遊び。輪投げ、ソフトブロック、積み木、ジャンケン遊びなどで自由に遊ぶ。

● 輪投げ遊び。12本の輪をみんな分けて遊ぶ。

聖学院小学校

〒114 - 8574 東京都北区中里 3 - 13 - 1 ☎ 03（3917）1555

絵画制作

- 2つの紙コップの口を合わせてセロテープで留め、鉛筆で絵や模様を描いて、ボーリングのピンをつくる。
- 1グループ4人で、模造紙に街の地図をクレヨンで描く。庭、道路、車、信号などを相談しながら描く。家はお手本を見ながらブロックでつくる。
- グループで協力してお菓子づくり。細長い棒と丸3個で串団子を、細長い棒と折り紙でポッキーをつくる。
- 自分の顔をつくる（紙を丸く切り取り髪の毛を描く。目と口を貼る）。
- 家族で旅行に行きました。ホテルの窓から素敵な景色が見えます。窓の中に、山と車と花を描きましょう。そのほかにも、いろいろなものを描いて、素敵な景色にしてください。

- 大好きなお友達にプレゼントを渡そうと思います。1 どんなものが喜ぶか考えて、絵を描きましょう。

- 宝箱を開けてみました。すると好きなものが2つ入っていました。それぞれの絵を描きましょう。

- あなたの前におばあちゃんがいます。あなたがおばあちゃんに電車の席をゆずりました。その時のおばあちゃんの気持ちとあなたの気持ちを、顔であらわしましょう。

- どこにでも行けるドアがあります。自分が行ってみたいと思うところの絵を描きましょう。
- 子犬のコロちゃんがいます。コロちゃんが好きな食べ物と好きなおもちゃを描きましょう。

- お魚が1匹泳いでいます。楽しい海の中の様子を描きましょう。

- 絵の隠れているところを描きましょう。

- 3びきのへびの頭としっぽが描いてあります。真ん中の部分を描き足して、短いへび、中くらいのへび、長いへびにしてください。

- 形を使って自由に絵を描きましょう。

- 四角と半分の丸をつかって絵を描きましょう。何でも好きなものを描いてください。

- いろいろな形の線があります。この線を使って、思いついたものを絵に描きましょう。自由に線を描き足してもかまいません。また形は横にしても、逆さから見てもかまいません。

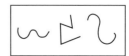

指示行動

ペーパーテストのあと、体操服に着替え、机と椅子を子どもたちで運んでスペースをつくる。
● 先生の身振りを覚えてまねをする。

● ゼッケンの番号順に線の上に並んだあと、線からはみ出ないようにして、誕生日順に並び直す。

● 自由遊び。面接を待つ間、ブロック、折り紙、ドミノなどで自由に遊ぶ。

● 2つのグループに分かれて手拍子。先生がハンカチを回したときだけ拍手。大きく回したら大きな手拍子。
　小さく回したら小さな手拍子にする。

● ジャンプジャンケン。
　4人でジャンケンをして、グーで勝つと1回、チョキは2回、パーは5回ジャンプする。

● 変身ジャンケン
　最初はアリの設定で、ジャンケンで1回勝つとアヒルになり、2回勝つとゴリラになり、3回勝つと人間に
　なる。人間になったら先生とジャンケンをして、先生に勝ったら椅子に座る。アリの人は、他のアリの人を
　見つけてどんどんジャンケンをしていく。負けると1つ前に戻る。

● グループで協力してブロック遊び。

● 表現遊び。みんなが小人になって、先生の手の上にのっているという設定で、表現をする。

● 折り紙を4枚渡され、「なるべくたくさん折ってください」と言われる。4枚折り終わったら、手を挙げて
　もう1枚もらう。

● 先生が持っている剣を、グループ（4〜5人）で相談して、先生から奪う。

● 「大あらし」。リス役と木の役の子どもを決め、先生が「くま」というとリスだけ逃げる。「木こり」という
　と木が逃げ、「大あらし」というと全員が逃げる。

● なんでもバスケット（フルーツバスケットの要領で、電車で来た子、上履きが青い子　など）

● 「命令ゲーム」をする。

● ビーズ通し（1分）。お手本と同じものをつくる

● 塗り絵。4人が1枚ずつもらい、指示通りに色を塗る。4枚をつなげると1つの絵になる。

● 4人で協力してアサガオの飾りつくり。折り紙を蛇腹折りにして2つ折り。真ん中をのりでつける。長い紙
　に貼り付ける。

● つくったボーリングのピンを使って、ボーリングをする。（ボールは柔らかいものを使用）

星美学園小学校

〒 115 - 8524 東京都北区赤羽台 4 - 2 - 14 ☎ 03 (3906) 0053

絵画制作

- 絵描き歌で人を描く。
- クマさんの絵をハサミで切ってから、クレヨンで色を塗る。
- 絵本を読んでもらい、その中に出てきたもので、自分が気に入ったものを描く。

運　動

- 準備体操。ひざの屈伸、ジャンプ、足首・手首・首をまわす。
- スキップ、走る、ケンケン。
- 2 人組でボールを紙にのせて、コーンを回ってもどる。
- フラフープの中をケンパー。
- ケンパーリレー。
- マットでケンケン、お芋ゴロゴロ。
- 転がしドッジボール。
- ボール送り。頭の上や足の間を通して、ボールを送る。
- 手をついてうさぎ跳び。先生がお手本を見せてくれる。
- サッカー（ゴールにけって 2 回入れる）。
- 玉入れ、跳び箱、大縄。
- 先生と同じポーズをしながら行進をする。笛の合図で手・腕の位置を変える。
- うちわに小ボールを乗せて、コーンを回ってくる。
- 2 チームに分かれて綱引きをする。
- 音楽に合わせておどる。

指示行動

- 缶をお手玉を投げて倒す。
- それぞれ太鼓、鈴、タンバリンになって、歌（ぶんぶんぶん）を歌いながら、楽器を鳴らす。
- ドンジャンケン。ケンケンパーで進み、会ったところでジャンケン。
- グループ全員で「こおりおに」をする。先生が鬼になる。
- グループ遊び。同じ花をつけた人とグループになり、何をするか相談して遊ぶ。
- 「なべなべ底抜け」を 2 人組で 4 回、違う人とおこなう。
- 2 つのグループに分かれて、リズムを打ちながら言葉を言っていくリレーをしましょう。
  （1 周したらお題をかえる。お題：①食べ物　②動物　③野菜　時間があれば④しりとり）
- 空き缶積み。空き缶を並べてその上に青のボードをのせ、さらにその上に缶を積んでいく。
- ペットボトルを積み上げる。
- 「森のくまさん」をみんなで歌う。
- 自由遊び。コーンでコーナー（ビーチボール、縄跳び、玉入れ、ケンパー）に区切られている。
- ボウリング、なわとび、風船、フープ、ぬり絵などで自由に遊ぶ。10 分たったら笛が鳴り、違うコーナーで遊ぶ。

淑徳小学校

〒 174 － 8588 東京都板橋区前野町 5 － 3 － 7 ☎ 03（5392）8866・8867

指示行動

● 好きな折り紙を折ってノリで貼る。

● フルーツバスケット。首から下げている受験票に、果物シールと色シールが貼られる。

● 音に合わせてペットボトルをまわしていく。音が止まったときに持っていた人がシールを 2 枚、隣の人がシールを 1 枚ペットボトルに貼る。

● 積み木を高く積む。

● お寿司屋さんごっこ。

● じゃんけんゲーム。誰が最後まで残るか、先生とジャンケンをする。

● 逆さにした紙コップの上にピンポン球がのっている。
　4 人が 1 列に並んでいて、1 番前の人が人差し指と小指でピンポン球をつまみ、後ろの人に渡す。順に渡して 1 番後ろの人まで行ったら、1 番前に行って紙コップの上にピンポン球を置き、全員座る。（3 グループで競争する。）

● 先生が言う体の名称を手で押さえる。
　先生は「おしり」と言いながら目を押さえるが、子どもたちは「おしり」を押さえる。

● 先生の指示通り、カードを並べる。

● いす取りゲーム

● ジェンガ、チューブパズル、フープ、玉入れのうち、好きなもので遊ぶ。時間が区切られ、2 回目は違うもので遊ぶよう指示される。

成蹊小学校

〒 180 − 8633 東京都武蔵野市吉祥寺北町 3 − 3 − 1 ☎ 0422（37）3839

◧ 運　動

- かけっこ。
- 鉄棒ぶら下がり、けんすいをする。（背の高さに合わせて、2 種類あり）
- ボール投げ（遠投 3 回）。
- 体育館を 1 人ずつ 1 周走る。
- 三角コーンの周りをボールをつきながらまわる。ボールが転がってしまったら、ボールを拾って失敗した場所からやり直す。先生の合図があるまで、できるだけたくさんまわる。

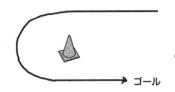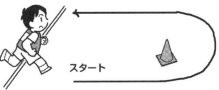

- 反復横跳び。2 本の線を踏まないように飛ぶ。
- 玉入れ。1 人に 5 個ずつ紅白の渡される。赤の玉は上投げで、白玉は下投げで箱に投げ入れる。
- ボールをついて手をたたいてとる。
- 先生のお手本通りに、前後左右にジャンプ。
  「やめ」の合図があるまで続ける。
- 指示された色のパズルマットに手を置き、足を動かしてまわる。

- 青線のところからロッカーに向かって玉入れ。
- マットの左右につけてあるカスタネットを鳴らしながら進む。
- 指示された色の通り（赤→青→赤→黄→赤）にできるだけ速く、カスタネットをたたいて戻る。
- ゴム跳び。
- ボールを床につき、手を 1 回たたいて受け取る。「止め」と言われるまで続ける。
- 白い台の上で片足立ちをする。まず手をおろした状態で片足を上げ、次に手を上に上げる。
- 立ち幅跳び（マットに線が 10 本引いてある）。
- 模倣体操。
- スタートから半周ケンケンで進む。指示された色シートのところで足をパーに開き、そこで足を変え、また、半周進み、もう 1 度色シートまできたら足をパーに開く。
- 両足跳びでジャンプ。前後左右のパターンの上を体の向きを変えないで進む。

絵画制作

● 灰色の画用紙に描かれた線を切り込み、ねずみをつくる。それをペットボトルにさして立てる。

● 輪投げつくり。
　ガムテープ、セロテープ、新聞紙、紙コップ、ペットボトルなどを使って、自由につくる。
● すごろくつくり。
　グループで話し合って、大きな紙にすごろくを描く。自分のコマを折り紙でつくる。
● はさみ、輪ゴム、テープ、厚画用紙を使って蛙をつくる。
　5cm×5cmくらいの大きさの厚紙を2つテープでつなげる。
　厚紙の端4か所に切り込みを入れ、輪ゴムを掛ける。できるだけたくさんつくる。
　つくったものの中で1番跳ねるものを選び、グループで話し合って、同じ絵をクーピーで描く。

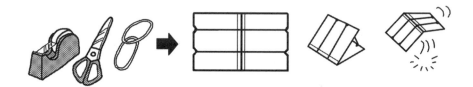

指示行動

[巧緻性]

● 黒いTシャツを着てヘビの課題をする。そのあとTシャツをたたみ、箱のなかにしまう。箱のふたに穴が
　4つあいており、お手本のとおりに紐を通す。2種類のヘビ（太くて短い、細くて長い）が紙の表と裏に描
　かれている。ヘビの模様にぶつからないように、筆ペンで☆から★へ
　線を引く。

● お皿の豆を箸を使ってカップに移す。先生の合図があるまで続ける。

● 紙皿の上のサイコロをお箸で紙コップの中に移す。

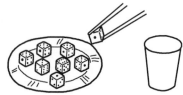

● 画用紙に印刷された太線の上をハサミで切る。切り終わったら道具箱
　のなかにハサミと切ったものをしまう。

[凝念]

● 立ったまま目を閉じ、手で桃の形を作り1分間凝念。その間、先生がわざと鉛筆やペ
　ンを落としたりするが目を開けない。

● 鐘が1回鳴ったら手を組み目をつぶり呼吸を整える。2回目の鐘でゆっくり目を開け
　る。

[集団遊び]

● ボール移動ゲーム。チョキ、パー、グー、シャカの絵が描かれた布をグループみんなで持つ。真ん中にボールを置いて、指示された絵のところに、みんなで協力して布を動かしながらボールを移動させる。

● ドンジャンケン。ジャンケンで負けたら、手をキラキラしながら勝った子の周りをまわる。

● 猛獣狩りゲーム。グループ内で先頭を決めて、先頭のまねをしながら歌と行進をする。途中で、動物の言葉の数に合わせて、同じ人数になって手をつなぐ。

● 模倣体操。「アブラハムの7人の子」の曲に合わせて模倣ダンスをする。

● かみなりドンゲーム。全員で輪になり、中央に鬼が立つ。鬼のかけ声で、ボールを隣の人に素早く渡していく。ゴロゴロで時計まわり、ピカピカで反時計回りにボールを渡す。ドカンと言われたときにボールを持っていた人が鬼になる。

● 共同画。グループのお友達と相談して、好きな絵を描く。

● ストロー、折り紙等を使って、吹き矢をつくる。折り紙を好きな形に切り、細いストローに貼る。折り紙を貼っていない側のをセロハンテープで塞ぐ。細いストローを太いストローに入れて吹き矢を完成させる。
グループで相談して、吹き矢の的をつくる。つくったあとで吹き矢を使ってグループで遊ぶ。

● 魚釣りごっこの道具を、新聞紙、画用紙、割りばし、タコ糸などを使って魚と竿をつくる。つくり終わったら、他の生き物をつくってよい。ビニールプールにつくったものを入れて「魚釣り」をする。

● 歌を3曲聴いたあとで、相談して1曲選び踊りを考える。

● いろいろな色の大きな布の中から、相談して1枚を選ぶ。飾りつけ用の白い紙や折り紙、クーピー、ハサミ、セロテープなどで衣装をつくる。紙は切ってよいが、布は切ってはいけないという指示がある。グループの中で1人衣装を着る人を選び、最後にみんなで踊る。

● 封筒のねずみ人形をつくり、輪投げの輪、ボール、ペットボトルなどを使って遊ぶ。

● 自由遊び（ボール、縄跳び、輪投げ、ボーリングなど）。

● 龍のお話を聞いたあと、みんなで龍をつくる（グループにより御神輿もあり）。できたものを担いだり動かしたりする。

● つくった蛙、段ボール、鈴、紐、白い紙、クーピー、テープを使って、グループで話し合って遊ぶ。

● グループで、折り紙を何度か折りたたんで立つ状態にして、セロテープで模造紙に貼る。ピンポン球やスーパーボールを転がして遊ぶ。最後に感想を発表する。

武蔵野東小学校

〒 180 － 0012 東京都武蔵野市緑町 2 － 1 － 10 ☎ 0422 （53） 6211

絵画制作

[課題画] ※クレヨン使用

● お休みの日、家族でご飯を食べているところなど、いっしょに過ごしている
　ところを思い出して描きましょう。

● 友達と遊んでいるところの絵。

● 未来へ行くドアがあります。その向こうに何があるのか描く。

運　動

● リレー。

● ボールを投げ、受け取る。

● ボールつき（5回）→上に投げ上げ、落ちてきたボールをキャッチする。

● 縄跳びを5回跳ぶ。

● 連続運動。跳び箱の登り降り→マットで前転→平均台。

指示行動

● 先生や在校生といっしょに玉入れ。

● 「猛獣狩りに行こうよ」

● みんなでいっしょにパックのジュースを飲む。ストローを自分で刺して飲む。最後にパックをつぶす。

● 元気に歌を歌う。「大きな栗の木の下で」「どんぐりころころ」「ドレミの歌」「いぬのおまわりさん」「こぎつね」
　「まっかな秋」「まつぼっくり」などから選んで、みんなの前でを1人ずつピアノに合わせて歌う。

● ジャンケン列車。

● 紙芝居を見る。

明星学園小学校

〒 181 − 0001 東京都三鷹市井の頭 5 − 7 − 7 ☎ 0422（43）2197

絵画制作

● ロケットを鉛筆を使って描く。

● 秋の絵で、木、葉、実、太陽など、クレヨンで好きなものを描く。

● 好きな色の折り紙を選んで、6 年生といっしょに好きなものを折る。

● 今はたくさんの落ち葉がありますね。落ち葉の絵を描きましょう。

運　動

● ケンパー。

● 長縄跳び。先生がまわす縄に、1 人ずつ入り、飛べる回数だけ跳ぶ。

● 平均台。

● ボール投げ。

指示行動

● ジャンケンゲーム。

● （絵を見せられて、）子どもたちがキャンプに来ています。先生は子どもたちに何と言っているのでしょう。
お話してください。

早稲田大学系属 早稲田実業学校初等部

〒185 - 8506 東京都国分寺市本町 1 - 2 - 1 ☎ 042（300）2171

絵画制作

（グループにより出題は異なる）

● 早起きしてやることは何ですか。絵を描きましょう。

● お腹がいっぱい！の絵を描きましょう。

● 「ありがとう」と言われたときの絵を描きましょう。

● 庭に種を植えて育てます。あなたは何を育てますか。その絵を描きましょう。

● 土をふわふわにやわらかく耕したので、あなたなら畑に何を植えますか。育てている絵を描きましょう。（黒板に畑の見本あり）

● サンタクロースからもらうとしたら何が欲しいですか。

● テープから「ジュージュー」「グツグツ」という音を聞き、お料理をつくっている音です。どんな料理でしょうか。その絵を描きましょう。
　※絵を描いている際に、「何を描きましたか」「これは何ですか」等の質問があります。

● お友達から種をもらいました。どんな花が咲くと思いますか。描いてみましょう。

● 新しい水族館ができました。どんな魚がいると思いますか。

● （鍋の絵が描いてある）この鍋の中身を描いてみましょう。

● お友達からプレゼントをもらいました。なかに入っているものを想像して描いてみましょう。

● 「どこでもドア」があれば、どこに行って何がしたいですか。

● 島に取り残されて泣いている子がいます。反対側の島に渡るには、どうしたらよいでしょう。その絵を描きましょう。「どうしてそう思いましたか」などの質問をされる。

● 手の指にケガをしたお友達と公園に行きました。2 人で何をして遊びますか。その絵を描きましょう。

● （足にケガをしている子の絵を見て）この子は何をして遊ぶでしょう。その絵を描きましょう。

● 風邪を引いて熱を出したお母さんに、何を買ってきたらよいと思いますか。その絵を描きましょう。「どうしてそれを買いましたか」

● 宇宙人と遊んでいる絵を描く（12 色のクレヨンを使用）。

● （炎の絵を見て）キャンプに行って、お父さんお母さんがいないときに火が大きくなってきました。どうしたらよいですか。その絵を描きましょう。

● 自分が朝ご飯を食べているところの絵を描く。

● 海や川で遊んでいる絵を描く。

● 秋に楽しかったことの絵を描く。

● お手伝いをして 1 番楽しかったときの絵。
　※描いている際に、「何を描いているのですか？」など質問される。

● 模型（鳥など）を見て同じ絵を描く。
● トラ（インコ・他）の写真を見ながら絵を描く。
● ミニカーの（かたつむり・他）おもちゃを見ながら絵を描く。
● 今自分が1番頑張っていることの絵を描きましょう。
● 夏休みにしたことで、楽しかったことを描きましょう。
● 家で飼っていたり、捕まえたことのある生き物の絵を描きましょう。
● お休みの日で、1番楽しかったことの絵を描きましょう。
● 金魚の絵を切り取り、金魚鉢が描かれている台紙に貼る。
　それから台紙の穴に紐を通して蝶結びをする。

[粘土]
● 模型や絵を見ながら、同じ物（カバ、カメ、アザラシなど）をつくる。
● 粘土であったらいいなと思うパンをつくってください。
● 粘土でびっくりするようなものをつくってください。（つくったものについて質問される）
● おもちゃのヨット（ハチ・他）を見ながら粘土でつくる。
● 写真を見ながら粘土でカエルをつくる。

● 色（桃・緑・黄・青）、形、大きさが違う紙を、お手本と同じように重ねて貼る。
　各自にカップ型でんぷん糊と雑巾が用意されている。

● 汽車の絵を手でちぎり、それをのりとセロテープを使って別紙に貼る。

● チューリップが描かれている絵をちぎって、のりで紙袋に貼る。紙袋をプレゼント用のリボンで結ぶ（ちょう結び）。

● 船のお手本を見た後、色画用紙を手でちぎって白い画用紙にのりで貼り、同じようにつくる。

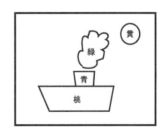

● レゴブロックを使い、指示されたものをつくる。
　「君たちは虫博士です。宇宙と海と地面を自由に動き回る虫を想像してつくりましょう」
　「カブトムシにもクモにも負けない虫をつくってください」
　「皆さんは発明家です。雲の上を自由に飛べる乗り物をつくってください」

運　動

グループによって出題は異なる。

- ゴリラ、にわとりなどの動物を先生と同じようにまねする。
- 音楽に合わせて先生のまねをしながら、先生のあとをついていく。
- 先生のまねをしながら手を動かす。だんだん動きが変わり難しくなる。
  おしり→頭→おしり　　頭→肩→おしり　　頭→肩→おしり→前
- 先生のまねをしながら、コーンの間をジグザグに走る。（スポーツ選手になったつもりで、サッカー、バスケ、テニスの動きをする）
- 手はカニのようにチョキにして、横にスキップする。
- 鳥のように腕を大きく上下に振り、パタパタ走る。
- フラミンゴのように片足を同じ側の手で持ち、片足で立ち、もう片手を上へ上げる。
- 頭の上にうさぎの耳をつくり、スキップする。
- 円の周りをくま歩き、ハイハイ歩きで1周する。
- しゃがんで腕を胸の前で「グー」、足を開いて両手を広げ「パー」。
- 先生のあとに続いて、行進・歩きながら飛行機のポーズで右に腕を傾けたり、左に傾けたり、スキップをする。
- 両腕を体の前に出して、手をグー、チョキ、パーと変えて動かす。

- グー（しゃがむ）、パー（手足を伸ばす）、チョキ（足を前後に開く）の動きで、グーチョキパー、パーグーチョキチョキパーパーなど模倣する。
- いろいろなボールを使ってボール投げ。
- 床に赤・黄・青のテープが張ってある。青のラインに立っている子どもたちが、先生が立っている赤のラインのところまで歩いて行く。その後、黄色のラインのところまでは後ろ向きでハイハイをしながら行く。黄色のラインのところでは、腿のあたりから上に向かって上半身をたたき、最後に頭の上に手をのせる。
  ※「赤い線から青い線までケンケンする」「青い線から黄色の線まで後走りする」など、いくつかのパターンがある。

個　別

グループにより出題は異なる。

- ハンガーにかかっているパジャマを着て、カーペットの上に靴を脱いであがる。半分に折られた布団をひろげて寝る。「朝ですよ」の合図で、布団から起きて布団をたたむ。そして、パジャマを脱ぎハンガーにかける。（シーツをかけ、毛布もかけてたたんだグループもある）

- ハンガーにかかっているエプロン（割烹着）を着る。机の上にあるもので、給食の準備をします。「今日の給食は、ご飯、お味噌汁、野菜炒め、お茶です。お盆にのせて机に置きましょう」。配膳が終わると、食べるまねをして、そのあとで食器を元に戻す。エプロンを脱いでハンガーにかける。

- 大小のレジ袋2枚を使って、教室の後方に置いてある品物のなかから。10品の食品を入れてくる。はじめにハンガーにかけてある半袖のYシャツを着てから品物を運んできて机の上に並べる。（牛乳パック（小）、テーブルパン、食パン、いちごジャム、栗まんじゅう、クッキー、とり肉、ぶどうジュース、ジャガイモ（3個）他、雑貨類）

● シャツのハンガーかけをおこない、机の上に裏になった長ズボン、縄跳び、Tシャツを巾着袋に入れる。

● 割烹着（給食着）を着て脱いだら巾着袋にたたんで入れる。靴も靴袋のなかに入れる。

● 割烹着を着る。後ろのフックに5つかかっており、自分の番号のものをとる。辞典を2冊カバーケースに入れ、本棚に立てる。割烹着を脱いでたたむ。

● 割烹着を着て、赤、桃、緑、黄色の紙を重ねてファイルケースに入れる。4枚のうち3枚はファイルからはみ出してしまう大きさなので、はみ出した部分は手でちぎる。終わったら割烹着をたたんで巾着袋に入れ、フックにかける。

● 巾着袋から割烹着を出して、後ろでとめる（マジックテープ）。机の上の食器を洗面器の水に入れ、スポンジで洗う。洗った食器はそのままかごに入れる。雑巾は机を拭いたり、手拭きに使う。最後にエプロンをたたんで巾着袋に入れる。水切り籠には箸を入れる細長い箱もある。

● 袋（巾着タイプ）にお弁当箱とお箸セットを入れ、蝶結びをする。リュックにその袋と他の品物（タオル、ハンカチ、縄跳び、レジャーシート）を入れる。赤白帽子をかぶる。

● 裏返しになっている靴下、シャツ、ブラウスをたたんで、見本の通りカゴのなかにしまう。

● 遠足に行く支度をする。（ビーチボール、弁当箱、レジャーシート、箸、箸箱の全部を風呂敷で包む）

● 箱の中の文具を片付ける。（セロテープとホチキスは袋に入れてから箱の中へ）

● 机の上に上新粉のようなものが撒かれていて、割烹着を着て、その粉を雑巾で拭き、洗面器で洗う。割烹着はたたんで巾着袋にしまい、所定の場所にかける。雑巾は絞って洗濯ばさみで干す。

● 机の上にぞうきん、水が入った洗面器、ゴミ箱、ティッシュ箱、ペーパータオル箱がある。机の中央は白い液体でぬれている。
「牛乳をこぼしたので、きれいに片付けてください」
使った道具は元に戻してください。

● たらいにお椀が浮いていて、その中の1つを取ってキッチンペーパーで拭く。次にお椀の半分までペットボトルの水を入れて、ラップを切って上部に蓋をする。

● 割烹着をつけて（後方で蝶結び）、マカロニ、高野豆腐をお箸を使ってお弁当箱に入れる。バンダナでお弁当箱、箸箱を包む。

● 紙風船（大・小）をふくらませて、小さいほうはビニール袋に入れて、モールで口をしめる。大きいほうは、膨らませたあとに空気を抜いてしぼめ、元通りにたたむ。

● 白い紙を4つ折りし、右下に青い四角・左下に黄色の四角をのりで貼り、その後白い紙が外側になるようにたたみ、クリップで1ヵ所留める。

● ペットボトルに入った水を3つのコップに均等に分けて入れる。その後、リボンをペットボトルに3回巻いたあと蝶結びをする。

● 見本を見ながら同じものをちぎってのりづけをする。

● 紙を3枚重ねて巻き、リボンで結んだ後に筒の中に入れる。

● 6本の切ったモールで、お手本通りに3種のものをつくる。

● ペットボトルの中に、道具（じょうご、おたま、スプーン）を使ってトレーに入っている水を入れる。

● トランプカードをジップ袋に入れる。

● ピクニックに行く支度をする。（ビニール製の風呂敷にお弁当箱、箸、くだもの、ビニールシートなどの中から選んで包む）

● 青いレインコート（ポンチョ）を着て、たらいの中で宝探しをする。たらいの中には土があり、その中に隠れている宝物（砂遊びの抜き型）を3つ探して、土をぞうきんできれいに拭く。使ったぞうきんは別のたらいの水で洗って絞り、レインコートを脱ぐ。

● 大きい箱の中に、洋服や文房具などが入っている。着る物をたたんで風呂敷で包み、そうでないものは小さい箱に片付ける。

● 大人用の傘は捲いて留め、絵カードは輪ゴムで留め、色紙はクリップで留める。

● 黒板に貼ってあるお手本通りに、ビーズにひもを通しブレスレットをつくる。
（ビーズの色はダミー含む、見本は数秒で隠される。ビーズは箸でつまむグループもある。）

● カブト虫、カエル、バッタの絵カードから指示されてカードを取り、3枚の袋のなかから指示された袋のなかに入れる。残った袋は結んで（縄跳び結びのように）先生に渡す。

● 大きさの異なる形のなかから、指示された形をハサミで切り取り、あらかじめ切ってある2枚の形とあわせてから、クリアファイルのなかに片付ける。

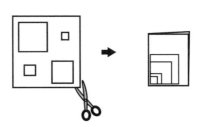

指示行動

● 床の上に並べてあるフープ2つ、500mlペットボトル2本、縄跳び1本、ボール1個を使ってどんな遊びをするか、グループで相談して遊ぶ。

● ペットボトル5本と六角形の積み木を使って、グループで相談して遊ぶ。

● 水の入ったビニールプールのなかに、大きいスーパーボール5個と小さいスーパーボール約30個入っている。まな板、フライ返し（5）、ボウルが用意されていて、スーパーボールをたくさんすくうにはどうしたらよいのかを考える。2回目は作戦タイムでグループ内で相談する。

● ヘラ、まな板、おたまがあり、そのなかの1つを使い、スーパーボールを取る。（個人の後、友達と協力）
● 小さなお椀とスプーンを使って、ビニールプールのなかのスーパーボールを少し離れた大きなボウルのなかに入れる。グループのなかで役割分担をして取り組む。（1グループは5人）

● ボール送り競争。5人で縦に列をつくり、ボールを前から後ろに送る。3グループで競争し、早くボールを後ろまで送ったチームの勝ち。ボールは上（頭の上）→下（両足の間）→右→左の順番で送って行く。どうすれば速くできるか相談する。

● ボールを使ってグループで相談して遊ぶ。（ピンポン玉、お手玉、野球ボール、ドッチボールなど）
● 赤いテープと青いテープを使った遊びを、グループで話し合う。
● 「忍たま乱太郎」の「100％勇気」のワンフレーズの振り付けをグループで考える。
● グループで、小さいマットの上にピンポン玉をのせて運び、かごに入れる。
● ピンポン球をスプーンにのせて競走。
● ピンポン玉をマットの端から端まで、たくさん移動させる。マットの上から出てはいけないし、ピンポン玉を落としてはいけない。どうやって運ぶか皆で相談する。
● カードに書かれている動物の動きを模倣する。お友達と相談してやりたいものを決める。
　ウサギ→ 両手を上にして、できるだけ速くジャンプして進む。
　クマ→ ゆっくり4つ足で歩く。
　カニ→ 腰を落とし、しゃがんで横移動。手はチョキチョキと動かす。
　イモムシ→胸の前で手を合わせるように肘を曲げ

● ビーチボールに小さなボールを当てて、ゴールまで進む。
● 風船をみんなでできるだけたくさんつく。1人だけでやらずにみんなにまわるようにする。
● 「おもちゃのチャチャチャ」の振り付けを相談して決め、発表する。
● フープを3人で持ちながら立ったり座ったりする。持つ際に人差し指を上に向ける約束がある。
● 動物が出てくる歌にあわせてダンスをする。グループで考えて発表する。

● ペットボトル10本とボールを使ってボウリングをする。順番やルールは相談して決める。
● 長縄2本で、お友達と自由に遊ぶ。（その後形をつくってみましょう）

● 5m先の赤い線まで、風船を運ぶ。1回目は手以外の体で運び、2回目はバケツ、下敷き、長縄などの道具を使って良い。皆で相談して遊ぶ。

● 積み木（ウレタン製の柔らかいもの）をできるだけ高く積み上げる。同じ色が続かないようにする。

● 「どんぐりころころ」の音楽に合わせて、グループで振りつけを考えて発表する。

● ビデオテープ（20個ほど）をドミノにみたてて遊ぶ。

● 赤、白、青色の缶を高く積み上げる。

● フープ送りゲーム。1列に並んだ5人で、左から右へと順番にフープをくぐらせていく。

● フープ（風呂敷が巻いてある）を手に持ち、教室に貼られた動物の写真と同じ動物を、床に散らばった中から探し出す。

● 赤・白・青の3つのコーンを先生の指示通りに移動して、並び替える。
　・「赤を左に、白を真ん中に、青を右に置きましょう」
　・「左のコーンを、1番右に置きましょう」

● レジャーシートと、いろいろな色のシリコンのお弁当用おかず入れ（20個くらい）が渡されるので、みんなで相談してルールを決めて遊ぶ。

● ペットボトル、画用紙、ボールペン、鉛筆、帽子を使って、自由に遊ぶ。
　（いくつかのパターンがあるが、用意された物を使ってどんな遊びをするかをグループ内で相談し、好きなように遊ぶことは共通。）

● 食器洗い用スポンジと花飾り（レイ）を使って自由に遊ぶ。
● 紙コップと新聞紙を使って自由に遊ぶ。
● スポンジと紙コップを使って自由に遊ぶ。
● 花飾り（レイ）と紙コップを使って自由に遊ぶ。
● 花飾り（レイ）と新聞紙を使って自由に遊ぶ。

桐朋小学校

〒 182 - 8510 東京都調布市若葉町 1 - 41 - 1 ☎ 03（3300）2111

絵画制作

● 買い物バッグをつくる。画用紙を使い先生の説明を聞いて、お手本と同じようにバッグをつくる。

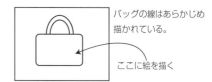

バッグの線はあらかじめ描かれている。

ここに絵を描く

● グループで相談してお弁当をつくる。

● みんなで山をつくる。教室の後方に箱でつくった山があり、みんなで装飾する。

● ピザをつくる。薄橙色の画用紙に書かれた "カットピザ" の形をハサミで切り、点線で折る。内側にノリをつけて張り合わせたあと、白いシールと赤いシールをぴったり貼り重ねる。

● 旗をつくる。2 本の線が描かれた画用紙があり、左上を右下のところに、自分のゼッケンと同じ色の△を描き、真ん中に好きな動物の絵を描く。その後、裏側に割りばしをテープでつける。

● 絵画制作のあと片づけをして、ぞうきんを絞って床を拭く。

運　動

［連続運動］

● ケンパー→　コーンをジグザグに走る→　的当て→　幅跳び→　ワニ歩き

● ケンパー→棒跳び→網くぐり（クモの巣にぶつからないようにくぐりましょう）→平均台。

● スキップ → ケンケン。

● 忍者になって修行をする。

　・フープを両足跳びでジグザグに進んだ後、かけっこで戻る。

　・4 人の子どもがビニールシートの四隅を持ち、その下を通る。

　　1 回目：腹ばいになって、両手を使って前進する。

　　2 回目：横になって手は頭の上にあげ、転がっていく（横転）。

● 体を使ってジャンケン。

パー

グー

指示行動

[個別テスト]

● カード（牛、鳩、ニワトリ、ツバメ、カブトムシ、クワガタ、カマキリ）を仲間で分けましょう。
それぞれ何の仲間ですか。

● （絵を見せられたあと）今見た絵と同じように、パズルを完成させましょう。

[集団テスト]

● 絵画でつくったバッグを使って、お店屋さんごっこをする。グループで相談してなんのお店にするか決める。
決まったら、画用紙を使ってそのお店の品物をつくる。その後、1人3枚のお金を渡され、お店とお客さん
の役を交代しながら、お店屋さんごっこをする。

● 風船運びゲーム。

● いろいろジャンケンゲーム。

● 絵画でつくったお弁当を持って、ピクニックに出かける。

● いろいろなものを運ぶ。カードを引いて、そのやり方で運ぶ。
（ボールをタオルで運ぶ、ボールを2本の棒で運ぶなど）

● 先生が2人でゴムを持ち、「いろはに金平糖」の歌を歌い、最後に「上、下、真ん中」と言ったら、子どもが「上」
や「下」を1つ選ぶ。その間、子どもはゴムの動きを見ないで、後ろを向いている。先生の掛け声に合わせ
て前を向き、自分の言った言葉の通りにゴムをくぐり抜ける。

● 運動のときと同じグループで、材料を自由に使って公園にあるものをつくる。（材料：折り紙、紙コップ、箱、
黒いストロー、麻ひも、画用紙、ハサミ、クレヨン、ノリ、セロテープ）

● 紙袋で凧をつくる。そのタコをあおいで、競争する。あおぐものは、うちわ、扇子、クリアファイル、空気
入れがあり、自由に選ぶ。

● 魚釣りゲーム（1チーム7〜8人で2チームで競争）。
海と決められたところにはつくった魚と金色の魚、釣り竿と網が置いてあり、「金の魚をとったら5点、他
の魚は1点」と決められているので、グループごとに作戦を立てる。スタートしたら指示された場所でロー
プをくぐり、ジャンプ、ケンパーで進み、置いてあるはちまきを固結び。魚を釣ってバケツに入れたらもどり、
次の人にタッチ。

● 見本を見ながら、忍者の武器をつくる。
投げ玉：色紙を丸める。手裏剣：灰色の厚紙に、緑のクレヨンで色をつける。剣：新聞紙を丸めてセロテー
プで留める。紙に描かれた柄を選び、周りをハサミで切って、新聞紙を差し込む。
ベルト：黒いベルトに灰色の厚紙を貼る。白のクレヨンで模様を描いたり、色紙をちぎって貼ったりする。
つくったベルトを身につけ、忍者になって、鬼（先生）退治をする。
剣−4人、手裏剣−1人、投げ玉−1人、の6人1グループで戦う。
赤チームは赤鬼を倒し、青チームは青鬼を倒す。

晃華学園小学校

〒182 – 8550 東京都調布市佐須町 5 – 28 – 1 ☎ 042（483）4506

絵画制作

● 形・色の違う花びらなどが描いてある紙を切り取って、形が合うものをのりで貼っていく。同じ色が並ばないようにと指示がある。

● 見本を見ながらグループ
　でロボットをつくる。ロボットの右足、左足に決められた物を置く。足からつくるように指示がある。

運　動

● スキップ。
● かけっこ。
● 等間隔に置かれた物を、両足を揃えて跳ぶ。
● ボールを使って先生とキャッチボール。
● 玉つき。

指示行動

● パズルが配られ、一人ひとり動物を完成させる。自分が使わないピースは、お友達に渡す。
● ドンジャンケン。
● グループ内でジャンケンをして、勝った人がくじを引き、八百屋さん、果物屋さん、お菓子屋さんのどれかを決める。先生がお客さんになる。
● 3 人別々の道具を使ってボールを運ぶ。
● 縄跳び、フープ、積み木、ボール、大縄などで自由遊び。
● なべなべそこぬけ（5 人グループ）。
● グループで看板をつくり、お店屋さんごっこ。
● お店屋さんごっこの最中に呼ばれ、質問される。
　「今日のおすすめは何ですか」、「どうしてですか」

明星小学校

〒 183 - 8531 東京都府中市栄町 1 - 1 ☎ 042（368）5119

絵画制作

- 紙にお皿の絵が描いてあり、そこに自分の好きな食べ物をクレヨンで描く。描き終わったら、お皿の線に沿ってハサミで切り抜く。
- サツマイモ、バナナ、ミカンの絵を塗る。そのあとハサミで切る。
  テーブルの絵を茶色で塗り、ハサミで切る。テーブルの上にサツマイモ、ミカン、バナナの順に置く。
- 楽しかったことを思い出して絵を描きましょう。
- お手伝いをしている様子を描きましょう。
- 自分の好きな食べ物を思い浮かべて、食べている様子を描きましょう。
- 車に乗って買い物に出かけました。車の窓から見える様子を描きましょう。
- 家の窓から外を見ると、お友達が楽しく遊んでいます。何をして遊んでいるのか描きましょう。
- 公園で遊んでいる友だちの写真を撮りました。その写真を描きましょう。
- 『大きな風船があります。風船にはドアがついています。その中でお友達は何をして遊んでいたのでしょう。』
  と言われ、絵を描く。

運　動

- クマ歩き。
- クモ歩き。
- ボール投げ。
- ケンケン跳び。
- 平均台。
- 縄跳び前回し。
- ゴム段をくぐる、跳ぶ。
- 鉄棒ダンゴムシ。

指示行動

[巧緻性]

● 箸を使って小豆を 1 つずつつまんで、お椀のなかに全部入れましょう。

● 封筒と便せんがあり、便せんを 2 つ折りにして封筒に入れる。

● 円の、線のすぐ外をはさみで切り取りましょう。

● リボン結び。

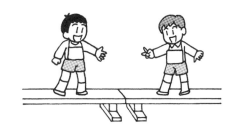

[集団遊び]

● みんなで大きなパズルを完成させる。

● みんなで紙コップを高く積み上げる。

● ドンジャンケン。

● みんなでジグソーパズルをしましょう。

● ペットボトル、段ボール、カップを使って友だちといっしょに東京タワーをつくりましょう。

● お友だちといっしょに道具を使ってボールを運びましょう。

● グループで、ゴム風船を落とさないように打ち続ける。

● みんなで箱を高く積み上げる。

国立学園小学校

〒186－0004 東京都国立市中2－6 ☎042（575）0010

運　動

● ケンパー。

● 平均台を手を広げてのぼり、跳び箱の上からジャンプ。

指示行動

● ソフト積み木、ペットボトル、テニスボール、積み木、メガホン、板、紙コップ、アルミホイルの芯などを使って、写真のお手本のように、「お城」「キリン」をみんなで相談してつくる。

● 積み木、牛乳パック、紙箱、ペットボトルなどを、みんなで高く積みあげる。

● ドミノ（白線内でとの指示がある）。

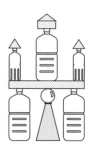
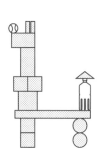

桐朋学園小学校

〒 186 - 0004 東京都国立市中 3 - 1 - 10 ☎ 042 (575) 2231

絵画制作

用意されている材料（色画用紙、モール、紙コップ、紙皿、洗濯ばさみなど）を使って、指示されたものをつくる。

● 生き物をつくりましょう。

● すてきなものをつくりましょう。

● 海の中を見ると何かいます。その生き物をつくりましょう。

● 空を見上げると何か飛んでいます。何が飛んでいましたか。それをつくりましょう。

● 色画用紙の黒い線の上に、ボンドを使って毛糸を貼りましょう。その形を使って、材料を自分で選んで、好きなものをつくりましょう。

 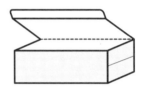

● 白い箱を使って、好きなものをつくりましょう。
箱の横に折り目があり、つぶして平らにして使う。はさみは使わずに、手でちぎってつくる。

● エプロン制作。台紙に描かれているエプロンを切り取り、毛糸、アルミホイル、ビニールテープ、セロテープなどを使って装飾する。

● 砂絵で魚を描いたあと、折り紙を使って、好きなものをあいているところに足す。

● 紙コップ（紙皿）をはさみで切って、自分の好きなものをつくる。

● 粘土と竹ひごで作られた物を見せられ、同じようにつくる。

● クレヨンで好きな絵を描く。

● ビニール袋に紙、パッキンなどを詰めて好きなものをつくる。
モールやビニール製の折り紙など材料がいろいろ用意されていて、後方の机から自由に使って工夫する。

指示行動

● 新聞紙の上に立って、先生とジャンケンをする。勝つとそのまま、それ以外は新聞紙を半分に折って立つ。
新聞紙の上に立てないくらい小さくなった人は、それをケースに入れる。

● 新聞紙を丸めて紙の玉をつくる。4人1組で紙玉を新聞紙にのせて、先にある箱を回ってもどる。
● 2人1組でボールを手を使わずに渡す。交互に繰り返して、カゴに紙玉を入れる。

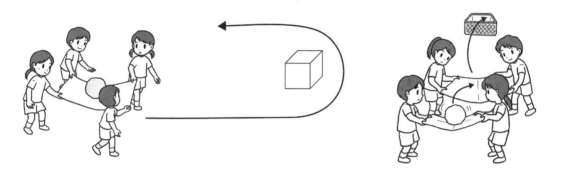

● 7〜8人のグループでシーソーを使った重さ比べ。バスケット、テニス、野球などのボール、ペットボトル、
人形などが置いてあり、重さ比べをして話し合って、重い順番に並べる。

● 1人が1つハチマキが結んであるフープの中に入り、「ジャンケン列車」の歌に合わせて歩き、相手を見つ
けてジャンケン遊びをする。負けた子は勝った子の後ろにまわり、前の子のフープにハチマキを結びつけ、
繰り返し、長くなるまで続ける。全員がつながったら1番前と1番後ろの子は車掌さんの帽子をかぶる。

● グループ全員で家の中をつくる。ふとん、テーブル、
家具、ぬいぐるみなどを協力して運び、設置する。

● 2人1組でホースのようなひもに入り、障害物を通っ
て（棒を跳んだり、道を走ったり、トンネルくぐりな
ど）ゴールする。
2回目は自分たちでコースを変えて4人1組でおこ
なったりする。

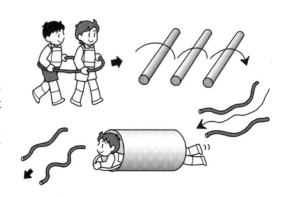

● エプロンをちょう結びする。ままごとセットのお皿にトングで食べ物をのせて、他のグループに食事を出す。

● 自由遊び（ペットボトル、ひも、新聞紙、手袋などを使い、5人ぐらいで自由に遊ぶ）

個　別

● 矢印が前に掲示されており、音の数だけ矢印の方へ移動し、たどり着くところに赤、青の旗を立てる。
● ボード通し。お手本と同じになるように、チェリング、ストロー、コードストッパーなどを穴に通す。

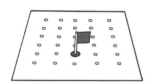

● 5色のひも・2枚の画用紙・洗濯ばさみを使い、お手本通りにひもを通して結ぶ。

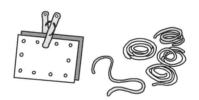

● 厚紙でできたパズルを、お手本と同じようにつくる。

● 見本を見て紐におはじきやビーズを通したものをつくる。

● お手本通りに紐をかけていく。

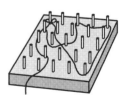

● 穴のあいた白と黒のビーズを4個ずつ入れていく。黒は隣が同じ黒になっ
てはいけない。白は隣が2個まで続いてもよいが、3個になってはいけない。
あまらないように全部を使う。

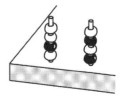

東京創価小学校

〒187－0023 東京都小平市上水新町2－20－1 ☎042（345）2611

運　動

- 平均台。手を広げて渡る。
- 先生が投げたボールをキャッチ。ボールを上に投げあげてキャッチ。
- マットで前転。
- ピアノに合わせて、歩く、走る、スキップをしたりする。
- 先生が太鼓をたたいたところで目をつぶる。
- 手遊び。

- ケンパー、ケンパー、ケンケンパー → 台ののぼり降り → 先生が投げたボールをキャッチ → ボールを上に投げ、床にバウンドさせてキャッチ → ボールをカゴに戻す。
- 指示に従い、「歩く」「走る」「スキップ」をする。

指示行動

- 魚釣り、ボーリング、ワニワニパニックなどで自由に遊ぶ。
  グループごとに誘導されて好きな遊びをする。順番を待っている間に「おさるのジョージ」のビデオ鑑賞をする。
- プラレール、ミニカー、レゴブロックなどのコーナー、ままごとセットのコーナー、ぬいぐるみ・変身ベルト・妖怪ウオッチ・キャラクターのおもちゃなどのコーナー。着せ替えドレス、おもちゃのピアノなどのコーナー。
- ぬいぐるみ、積み木、平均台、ボール、おままごとなどで自由に遊ぶ。グループで相談して何をして遊ぶか決める。
- みんなで協力してシーツをたたむ。
- 2グループに分かれて、ペットボトルなどを高く積む競争をする。高く積んだチームが勝ち。
- 黒板に貼ってある絵の指示に合わせて動作しながら、「ドレミの歌」、「森のくまさん」をみんなで歌う。（ゾウ＝大きく・ネズミ＝小さく・ウマ＝足踏み・サル＝手拍子）
- 「どんぐりころころ」と「チューリップ」の歌を歌う。
  『かば』のときは大きな声で、『ウサギ』のときは伸ばさないで『ひよこ』のときは小さな声で歌う。
- 先生の合図で終了。お片づけ。

日出学園小学校

〒 272 - 0824 千葉県市川市菅野 3 - 23 - 1 ☎ 047 (322) 3660

絵画制作

● ロケットの形をはさみで切り、窓に自分の名前を書く。

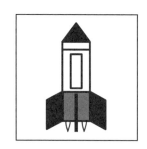

● 共同画。5 〜 6 人のグループで野原の絵を描く。クレヨン使用。(クレヨンは 1 グループに 1 箱)
● 用紙に描かれたお弁当箱に、協力して中身を描く。
● 用紙に描かれた水槽に協力して中を描く。
● 海の中の絵を描く。
● 模造紙にみんなで動物園の絵を描く。

運　動

● 忍者の修行 (サーキット)。
　忍者歩き→気づかれないようにそっと走る。
　忍者走り→音がしないように走る。
　ケンパー→並んでいるフープに合わせてケンパー。
　川跳び…川に見立てたブルーシートを飛び越す。
　トンネルくぐり…マットと跳び箱でつくったトンネルをくぐる。
　線上歩き…ラインの上を、ラインから外れないように歩く。

● 2 本ラインの間を、指示されたとおりの動きで進む。

● スキップ、ケンパー、クマ歩き、カエル跳びなど。

指示行動

[集団テスト]

● 紙コップを高く積む競争をする。

● ソフト積み木を高く積む。

●「貨物列車」の曲に合わせて、ジャンケン列車をする。

● ドミノ遊び。6〜7人のグループに分かれて、ドミノを並べる。

● 転がしドッヂボール。円の中に子どもたちが入り、先生がボールを外から転がす。ボールに当たると、決められた場所に座る。

● 4〜5人のグループで、布にボールをのせて運ぶゲームをする。

● 太鼓の音に合わせて、先生のあとについて白線の上を歩く。先生がグーを出したら体操座り。パーを出したら立ち上がる。

● 太鼓の音に合わせて歩く、スキップ、ジャンプ。
● 太鼓の音の数でグループをつくる。

● 赤・白のチームにわかれて玉入れ。

● 机の四隅にパズルの1片がテープで貼られている。真ん中におかれたカードを、絵が完成するように探して並べる。

● 模倣表現。曲がかかったら（その曲名を子ども達は自由に答え）曲の生き物になって好きなところに移動する。曲が止まったら、その場で体操座りをする。（アイアイ・ぞうさん・ぶんぶんぶん　などの曲）

● カードの絵を見せられ、描かれている生き物を模倣する。

● タンバリンの音に合わせて歩く。その際、先生の指示に従って、ゾウやウサギなどの動物の歩き方をする。

● 赤い線の上に「やめ」の声がかかるまでドミノを並べる。最後にドミノを倒し、片付ける。

● タンバリンの音に合わせて、ゾウやウサギなどの動物になったり、歩く・スキップ・ジャンプをする。タンバリンが止まったら座る。

[個別テスト]　（面接時におこなう。）
● マシュマロと豆を隣の紙皿に移す。スライド式箸箱から箸を取り出し、まずマシュマロを5個先に移してから、2種類の豆（花豆2、大豆5）を移す。時間測定。

● 机の上のものを、ファスナー付きの横長の袋にしまいましょう。
（大きさの違う3枚の手紙、封筒、ノートを長さを考えながら入れる）

● 机に置いてある物を、写真と同じようにロッカーに片づける。

● ポンポンをお箸でつまんで、お弁当箱に4個入れ、ナプキンで包む。

昭和学院小学校

〒 272 − 0823 千葉県市川市東菅野 2 − 17 − 1 ☎ 047（300）5844（直）

絵画制作

● 帽子制作。帯状の色画用紙を使って帽子をつくる。紙の色は好きな色を選んで、自由に飾りつけをする。

中央部分を貼り合わせる。

両端を貼り合わせる。

● 立体カードつくり。色画用紙を半分に折る。渦
　巻き模様の線が描かれている紙を、線に沿って
　切る。

● 先生といっしょにお家をつくり、窓に好きな絵
　を描く。

● 風で動く立体の動物をつくる。

■ の部分はのりしろ

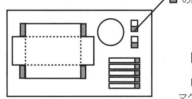

● お面づくり。

マグネット

● 円すい型の風車をつくる。指示の通り線を切り、折って組み立てる。自由に飾り付けをする。

● バッグつくり。色紙でマチ付きのバッグをつくる。マチ部分の折り方、組み立
　て方の指示を聞き、バッグの形をつくったあと、自由に装飾する。

● クジラを後ろから見たところを描いてください。

● 配られた色画用紙を指示に従って組み立てる。できあがった立方体
　に飾り用の色画用紙を貼ったりするなどして、好きなものをつくる。
　黒板には参考作品が貼ってある。

● 飛び出すクリスマスツリーをつくる。
　緑の画用紙を切ってツリーを作り、白画用紙にのりで貼る。
　ツリーの飾りはシールを貼り、星はクーピーで描く。白い
　ところに絵を描き足す。

● 黄色の折り紙でひよこ作り。

● 鳥の絵を模写する。

運　動

- 音楽に合わせて先生のまねをしながら、その場で体を動かす。手をブラブラ、その場で足踏み、駆け足、スキップ、ジャンプ、ツイスト、屈伸、ケンケンなど。
- 片足バランス。右足、左足と両方おこなう。
- サーキット。平均台、ボール、クマ歩き。
- 指折り体操

指示行動

個別テストを待つ間、図書室で絵本を読んだり、折り紙、お絵描きをする。

[個別テスト]
- この中で同じ仲間でないのはどれですか。それはどうしてですか。

- お兄さんには妹より 1 個多く、お母さんはお兄さんより 1 個多くなるようにビスケットを分けましょう。

- 4 枚のカードを好きな順番に並べてお話をつくりましょう。

- 積み木を数えて、その数だけおはじきを置く。

- 2 つの絵を比べて、違うところと似ているところを言ってください。

- 好きなカードを選んで、3 つのヒントをつくって、なぞなぞにしてください。

- このカードを使ってお手本の形をつくってください。

- しりとり（カード使用）。5 枚のカード並べ。

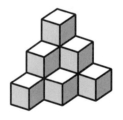

- 絵を見ていけないことをしている人を探し、理由を言う。

- お話つくり。4 枚のカードを並べて、絵に合うように自由にお話をつくる。

- （積み木の絵を見せて）これと同じように並べてください。

[集団テスト]
- 音の実験。2 人 1 組で、紙コップにつないだ糸をこすって音を鳴らす。1 人が紙コップを持ち、もう 1 人が糸をピンと張って、ウエットティッシュで糸をこすり、音を鳴らしてみる。

- 穴のあいた紙コップに画用紙を丸めて差し込み、コップの上にモールを乗せる。声を出してモールがくるくる回るのを確かめる。また、モールの代わりに折り紙でつくった人形を乗せ、どうすればたくさん動くか試して、気づいたことを発表する。

● 1人ずつ鏡を渡される。2人1組になって信号機の描かれた紙の横に鏡を立てて映す。

● 2人1組で2枚の鏡を使って、クジラの形の積み木を、できるだけたくさん鏡に映す。

● 後ろにいる先生と、鏡を使ってジャンケン。

● 磁石につくものを探す。棒磁石を使い、木、クリップ、積み木、ゴム、紙などいろいろな素材のものから磁石につくものを探す。

● 磁石をつけたワニに食べさせる。

● 紙の上にクリップを置き、下から棒磁石を当ててクリップを動かす。

● 部屋の中で、磁石がつくところを探す。

● お友達と、磁石の青同士、赤同士がくっつかないことを確認する。

● 4人グループで、2人に1台iPadを渡され、画面に映されたお手本通りに積み木を積む。

● 積み木4個のうち3個使って、できるだけ高くなるように積みましょう。

● パラシュートを使った実験。

● 合わせ鏡で、クジラのおもちゃがたくさん映るようにする（4人1組）。

● 三角パズルで三角、四角をつくりましょう。

● やじろべえ、バランスの映像を見たあと2人組になり、3つのおもりを使って実際に測る。
「左右が釣り合うようにしましょう。」「重い順に並べてみましょう。」

● やじろべえを使って、重さ比べ。重い順に並べる。
グループに2つずつ針金が配られ、指に乗せて釣り合いを取る。それをペットボトルに乗せて、粘土をつけてつり合わせる。重さが違うサイコロ状の箱（3色）が配られ、重さを比べて、重い順に並べる。

国府台女子学院小学部

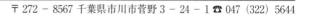

〒272 – 8567 千葉県市川市菅野 3 – 24 – 1 ☎ 047（322）5644

指示行動

- 風呂敷包み。体操服を風呂敷に包む。
- 先生のお手本通りに、本２冊を風呂敷に包みましょう。

- スモックを着る。

- 豆つかみ。

- 机の中に入っている道具箱を机の上に出し、中に入っている品物を指示された場所に置く。
  「２冊の絵本は右側、クーピーとクレヨンは左側に置きましょう。」

- 数え棒を使って、好きな形をつくる。

- 黙想。「やめ」の合図があるまで目を閉じて動かない。

- フルーツバスケット。
- アニマルバスケット。

- イス取りゲーム。

- 音楽に合わせておどる。
- 音楽に合わせて、動物になって楽しく動きましょう。

- 気をつけをしたまま干支の話のテープを聞いたあと、先生が出す質問に手をあげて答える。

- 「紙コップ積みゲーム」。グループに分かれて紙コップを高く積みタワーをつくる競争。
  教室内には３つのカゴが用意され、たくさんの紙コップが入っている。

- 仲間づくりゲーム。
  ４色の大きなフープがあり、指示された人数を守ってフープに入る。

- 自由遊び（折り紙、紙コップ、塗り絵、輪投げ、ままごと、積み木、ボウリングなど）。

千葉日本大学第一小学校

〒274 − 0063 千葉県船橋市習志野台 8 − 34 − 2 ☎ 047（463）6621

絵画制作

● 桜の木の幹だけが描かれている用紙に、桃色の折り紙をちぎり貼っていく。桜の花びらの絵の部分をよけて貼る。

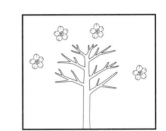

● お花を折り紙でつくる。はさみ、のり、画用紙、クレヨン、好きな色の折り紙を使って、先生と同じように折ったり切ったりする。
● つくった花を画用紙にのりで貼り、お花のまわりに好きな絵を描く。

● 指示通りに折り紙を使って、輪飾りをつくる。
先生のお手本通りに、折り紙を 4 等分に折り、折った線に沿って切る。
赤、青、黄の順番で輪をつなぐ。
ハサミとノリと作品は教室の前の机に分けて出し、片付けをする。

● のり・クレヨン・紙を先生のところまで自分で取りに行く。先生の指示に従って、折り紙でヨットを折る。
黒板に貼ってある海の絵のお手本を見ながら、クレヨンを使って同じように描く。ヨットの裏にのりを塗り、
自分が描いた海の絵にそれを貼りつける。

● 折り紙を 4 つ折りした後、線の通りにハサミで切り、広げると水仙の花になる。それをのりで水仙の葉っぱが描いてある台紙に貼り、真ん中に赤いシールを貼る。

● 薄い線で描いてある魚の絵を黒のクレヨンでなぞり、中を塗る。

● メガネつくり。

運 動

● 準備体操。

● コーンからコーンまで走る→平均台の上を手を広げて歩く→コーンからコーンまでアザラシ歩き。
● コーンのあるところまでまっすぐ走る→平均台歩き→床に置いた縄ばしごの縄と縄の間を両足跳びで進む→マットの上をあざらし歩き
● コーンをジグザグに走る。
● 走る→歩く→スキップ。

● 両手を床について、足は使わずに両手だけで前進する。
● クマ歩き。
● バランス。
● ケンケンパー。
● 線を踏まないようにジャンプ。
● マットの上で、両手を頭の上に伸ばしながら転がる。

指示行動

● 自己紹介。自分の名前、幼稚園・保育園の名前、小学校でしてみたいことを話す。

● 好きな食べ物とそれが好きな理由を発表する。

● 好きなものについて話す。好きな理由も話す。

● カード（20 枚程度）を見て、選んで、思ったことを発表する。

● 靴紐の蝶結び。

● Ｙシャツ、ブラウスを着る。自分の席で服の上から着る。先生に見せたら脱いで、ロッカーのハンガーにかける。
● Ｔシャツをたたんで、道具箱にしまう。

● 先生といっしょにお弁当を食べるまねをする。
　箸を使って、小さなスポンジのおかずを、仕切りの反対側に移す。
　お弁当箱をバンダナで包む。できたらほどく。

● いろいろな形の積み木を使って好きなものをつくる。完成したらグループごとに発表する。

● グループで積み木のお城をつくる。

● ４〜５人のグループでパズル。みんなで相談してパズルを完成させる。

● ドミノ倒し。グループでカセットテープを並べたあと倒す。何度もつくって倒してみる。

● 輪投げ。みんなで準備をして仲よく遊ぶ。

● 色板を敷き詰めて好きな動物をつくる。

● 片づけ。

聖徳大学附属小学校

〒270 - 2223 千葉県松戸市秋山 600 ☎ 047（392）3111

絵画制作

● 線を使って自由に絵を描きましょう。

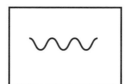

運　動

● かけっこ。2人1組で、体育館の端から端まで全力で走り、壁にタッチして戻ってくる。
● ボールを持ってマットを転がる。

● 平均台。赤線まで前歩き、次にカニ歩き、クロス。

● 跳び箱をジャンプしてのぼる。

● 跳び箱（8段）。ひざから乗る→馬乗り→おりる。

指示行動

● みんなで相談して1つのものをつくる。
● 積み木で大きな道をつくる。
● グループで、大型積み木を使って家をつくる。
● グループで、大型積み木を使って橋をつくる。他に
　みんなで相談して何かつくる。
● 大型積み木で道をつくる。
● 積み木を並べて上を歩く。
● 積み木で何か好きなものをつくる。
● グループでパターンブロックで遊ぶ。
●「猛獣狩りに行こうよ」ゲーム。動物の名前の文字
　の数と同じ人数で手をつなぐ。

星野学園小学校

〒 350 － 0826 埼玉県川越市上寺山 216 － 1 ☎ 049（227）5588

絵画制作

● 好きなものを自由に描く。

● 点線の☆のところに好きな形や動物を描き、その上に将来なりたいものを描く。
● 紙飛行機をつくり、それを飛ばす
● 魚釣りの魚をつくる。
　魚の絵が描かれた紙が配布され、それに目と模様を描く。全体を塗り、切り抜いたあとに口のところにクリップをセロテープで留める。
● 家族で食事をしている（お弁当を食べている）ところを絵にする。
● コマつくり
　厚紙の○の中に動物の絵をクーピーで描き、○をハサミで切り取る。
　軸は先生がつけてくださる。その後、回して遊ぶ。

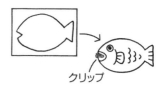

クリップ

運　動

● かけっこ。3 つのコーンのまわりを走る。
● カエル跳び。幅跳び。ゴム跳び。
● カゴの中に赤と白ボールが入っている。最初に赤のボールを持って、赤、黄、青、白の順番にコーンにタッチして戻ってくる。次に白のボールを持って、白、黄、青、赤の順番にコーンにタッチして戻る。
● マット。
● ボールを空箱に移す。
● クモ歩き。
● ハードルを跳ぶ。
● ケンパー　ケンパー　ケンケンパー。ケンパーの「パー」のとき胸の前で手をたたく。ケンケンパーの「パー」で頭の上で手をたたく。
● スキップをしたあと、足元を固定して腕だけで場所を移動させる。移動が終わると、「プリン」「ペロペロキャンディー」「ケーキ」といわれるので、その絵のあるところに走って移動する。
● 台の上に座る→ケンパー→動物の模倣→2 本の線の間を雑巾掛け（コの字型）→ジグザグ走
　①チーターになって前に走る　②カニになって横に走る　③ザリガニになって後ろ向きに走る

指示行動

6 〜 7 人のグループでおこなう
● 輪投げ制作。新聞紙、画用紙、紙コップ、割り箸等を使ってつくる。つくったあとでみんなで遊ぶ。
　輪は 2 人 1 組になって、1 人 1 つずつつくる。的は画用紙の○の中に好きな動物を描き、切り取って割り箸につけ、紙コップに差し込んで立てる。

開智小学校（総合部）

〒339－0004 埼玉県さいたま市岩槻区徳力西186 ☎048（793）0080

絵画制作

● 開智小学校には幸せを運ぶ妖怪が住んでいます。姿を見た人によると、紙コップのような形をしているそうです。折り紙と紙コップを使って妖怪をつくりましょう。

● 海にいる生き物を描く。魚をクレヨンで描き、切り取る。折り紙、毛糸などを使って飾りつけ。

● 折り紙で「どこでもドア」をつくり、画用紙に貼って、行きたい世界を描く。

● 紙に卵の絵が描いてあり、それを切り取る。卵の殻を割ったようにギザギザに切って画用紙に貼り、中から生まれてきたものを自由に描く。

● 半分に折った紙を使い、動物の絵にして切り取り、紙相撲の動物をつくる。
● 自分の好きな食べ物を思い浮かべて、食べている様子を描きましょう。

● 家族の誰かに食べて欲しいお弁当をつくる。プラスチック製の箱を弁当箱に見立て、毛糸、折り紙、ティッシュを使って、弁当箱の中身をつくる。ハサミ、のり、セロテープ、お手ふき等が用意されている。

● 自分で着てみたい洋服を折り紙でつくる。
　折り紙で服の形を作り、それにモール、キラキラの金・銀の紙を貼りつけていく。貼りつけるものや、セロテープ、のりなどは用意されている。

※はさみ、のり、テープ、色紙、モール、花などを使用。
● お家に飾ってあるとワクワクするような、お花の壁掛けをつくる。いろいろな花びらが色紙に描いてあり、それを切ってのりで貼る。葉っぱは好きな色で塗る。

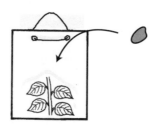

● 画用紙に描かれた魚の絵に飾り付けをする。
● 紙皿、紙コップでできた帽子に飾り付けをする。
● 折り紙、のり、ハサミ、画用紙を使って、くだものや野菜をちぎり絵で表現する。
● 黒の画用紙、折りがみ、はさみ、のりを使って花火を表現する。折り紙はハサミで切ったり、手でちぎったりして、のり（スティックのり）で貼りつける。
● 白い紙粘土でできている魚に飾り付けをする。

運　動

- 模倣体操。
- 平均台をボールを持って渡り、決められた線からボールを投げてかごに入れる。
- 平均台（低い板状のものを渡る）→　鉄棒ぶら下がり→　前転→　ケンケン→　線の上をクモ歩き。
- 平均台の上の3本の筒をまたいで渡る。→鉄棒ぶらさがり（3秒）
  →ゴムを連続で両足ジャンプ→ボールを投げて1回手をたたいてキャッチ　→平均台
- マットで前転2回。立ってポーズをとる。
- ボールで的当て（ドッジボール大）→3本の赤いゴムを、くぐる→跳ぶ→くぐる→ボールを足に挟んだ状態で、マットで横転する→平均台をクマ歩きし、ジャンプして降りる。

- 左右の跳び箱に手をついて体を持ち上げ、7秒間維持する。
- フープをグージャンプで渡る。
- 障害物を跳びながら足でグーパーする。
- フープに足を入れて、棒に触らないように1周する→　木のブロックとバランスボールの上を歩く→マット（4枚重ね）で前転→　ソリに乗って、ロープを引っ張り、ゴールまで行く。

- フープの中に入って、[左→中→右→中]を繰り返し両足跳びする。
- フープを上に上げて、平均台をカニ歩きする。
- フープを床に置き、中心に両手をついてお尻を上げた姿勢（くの字型）で1周する。

- ボール投げ。赤と青のカラーボールを先生に向かって投げる。
- ケンケン→白線で止まりポーズ→前転→腕立て伏せのかたちで横歩き→ゴールで「ありがとうございました」と言って席にもどる。
- 腹筋3回。
- 手にお盆（箱入りボール）を持って低い平均台を渡る。
- 5つ置かれているコーンの横をジグザグに雑巾がけをしながらゴールまで進む。
- 床にゴムが張ってあり、そのゴムの右に、左にと、両足で連続して跳びながら前に進んでいく。
- 左右の棒にタッチしながら走る。
- 床に書かれた○に手足を置きながら、クマ歩きをする。

- 箱に入っているボールを、それぞれのかごに入れる。
- 走ってコーンをまわり、ゴム段跳びを3回。
- ボール2個を持って平均台を渡る。その際、左右にあるカゴの中にボールを1個ずつ入れる。

指示行動

（4人グループ）
- みんなで行ってみたい動物園の絵を描きましょう。
- 公園もしくはお城をみんなで相談してつくる。
- ワニ（床にワニの絵が置いてある）に食べられないように、おみこしを使って道具を運ぶ。
- みんなでボーリング遊び。
- 人差し指だけを使って、みんなでフープを運ぶ（5往復）。
- みんなでクイズに答えてクリアしながら、ゴールまで進んでいく。答えを間違うと振り出しに戻
- グループで協力して、大きな紙にクレヨンで公園を描く。
- みんなが乗ってみたいなと思う乗り物をクレヨンで描く。
- 大きな積み木、青い板、赤い箱などを使って、秘密基地をつくる（1グループ10人程度）。
- グループで相談して、お弁当つくり。
- ロープと毛布を使ってネコをつくる。
- みんなでここにあるもの（ぬり絵、ボール、絵本、ペットボトル、積み木、ぬいぐるみなど）で10分間遊んでください。
- 大きな箱、積み木、板を使って、ぬいぐるみの家をつくる。
- 大きな段ボール箱を白い布できれいに包み、色紙、毛糸、モール、お花、クレヨンで飾り付けをし、プレゼントの箱をつくる。

さとえ学園小学校

〒 331 − 0802 埼玉県さいたま市北区本郷町 1813 ☎ 048（662）4651

絵画制作

● バッグつくり。穴のあいた紙皿、ひも、モールを使って、探検用のバッグをつくる。クーピーで好きな絵を描く。

● 水族館に行き、好きな魚をできるだけたくさん描く。

● ピーマンの切り口を観察して描く。自分が描いた絵のおもしろいと思うところ、不思議だなと思ったところにシールを貼り、先生に話す。

● 知っている葉っぱをたくさん描く。

● トマトの切り口を観察して描く。

●「すっぱいもの」を描く。　（例）みかん、レモン、梅干しなど

● 教室にある「重いと思う物」を描く。

● つるつるしたものを描く。

● 家族で食事をしている（お弁当を食べている）ところを絵にする。

● さとえ学園小学校に入学したらどんなことをしたいかを描く。

● 箱に入ったカニが机の上に置いてあり、テープで『カニを見て、カニを描いてください。』と指示され、甲羅のみ描いてある紙に絵を描く。
　その後先生から、何かわかったこと、カニのおもしろいところなどの質問がある。

運　動

- フープからスタート→両足グージャンプ→S字の線を平均台に乗っているつもりで歩く→走る→ゴム段くぐり、ゴム段跳びこし→三角コーンまでスキップ。

- コーンを巡るようにして走る。
- 走る。指示された場所までかけ抜ける。

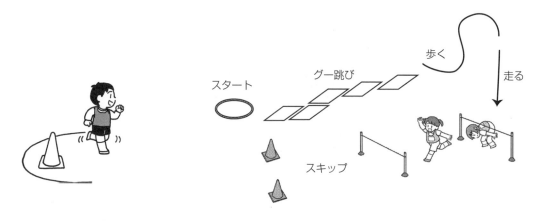

- クマ歩き。
- ケンパー。
- 縄跳び。
- 跳び箱（1段）の上をのぼり、着地→トンネルくぐり→先生が投げたボールをキャッチして、かごの中に入れる→スポンジの平均台を渡る。
- トンネルくぐり。2つ並んでいるので、くぐりやすい方を選ぶ。
- フラフープの中でボールを上に向けて投げ、手をたたいてからキャッチする。
- 軸足（左右）を替えてのケンパー。

- 手をたたいて跳び箱からジャンプ。
- 3段の跳び箱の上からジャンプし、ぶら下がったボールをたたく。
- 的当て（中ボール使用）→踏み切り板→跳び箱（3段）→上から吊してあるボールを叩いて降りる→かけっこ（コーンを1周）

指示行動

- 4〜5人のグループにわかれて、「王様のケーキ」をつくる。発泡スチロール、紙粘土、ビーズ、モールなど材料を自由に使ってみんなで相談してつくる。

- 橋が壊れてしまったので、みんなで橋をつくりましょう。2グループに分かれて、トイレットペーパーの芯に穴があいており、そこにモールを通してつなげていく。

- クイズを出すリーダーを決めて、教室を移動しながら、みんなで相談して答えを考えていく。

- 「さとえの水」を飲んでくださいと言われ、ペットボトルの水を3人でコップに分けて飲む。

- 6人グループで、2人1組で風呂敷を使い、部屋の中央に置かれた箱を3つずつ運んできて、グループで協力して高く積む。

- ジャンケン列車。

- 音楽を聞いて、その音楽に出てくる生き物の模倣をする。
自分の立ち位置が決められており、そこから出ないよう指示される。

- 4人でブロックを使い、お城をつくる。

- マット上で積み木をどれだけ高く積み上げられるか、グループ（5人1組）対抗で競う。

- 自由遊び。12〜13人のグループ（黄色の帽子と水色の帽子でグループ分け）で、何で遊ぶかを相談して決める。一定の時間で、帽子を取り替えて遊びの内容も交換する。輪投げ、ブロック、積み木、ボーリング、レゴブロック、玉入れ、恐竜のおもちゃなど。

- サッカーボール・ボーリング・積み木・ブロック・パズルなどが置いてあり、5人のグループで何をして遊ぶか相談して決め、遊ぶ。一定の時間で合図があり、遊びを変える。

西武学園文理小学校

〒 350 − 1332 埼玉県狭山市下奥富 600 ☎ 04（2900）1800

絵画制作

● 扇風機を青いクーピーでなぞりましょう。
● スイカを好きな色で塗りましょう。
● 夏休みにしたお手伝いを描きましょう。

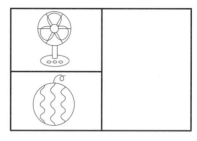

● 栗を赤いクーピーでなぞりましょう。
● 紅葉を好きな色で塗りましょう。
● 夏休みの思い出を描きましょう。
● 五輪の輪を塗りましょう。東京オリンピックで外国の人たちが
　来たとき、遊んでみたいことを描きましょう。

● 住んでみたい家を描きましょう。
● ４年生になったらやってみたいことを描きましょう。
● 左の輪を好きな色で塗りましょう。
　右には大きくなったら何になりたいか描きましょう。
　（考査日によっては好きな遊びの絵）
● 右のプレゼントの箱に色を塗りましょう。
　左にはお友だちにあげたいものを描きましょう。
● 木と家を、何でも見える虫眼鏡で　見たときの絵を描く。

● 紙を半分に折り、左側にもらったら嬉しいもの、右側にいっしょに
　遊びたい人を描く。
● 画用紙に、家、山、柵が描いてあり、牧場にいる動物を３匹、クレ
　ヨンで描き足す。

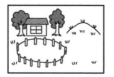 

運　動

- ぞうきん掛けリレー。
- 片足立ち。

[連続運動]

- 平均台→　鉄棒ぶら下がり→　フープをケンパー　→　ボールを上にあげ、手をたたきボールをキャッチ→雑巾がけ
- 平均台を渡る→マットで前転→フープを使った縄跳び（5回）→ボールを上げて、手を1回たたき、キャッチ→ケンパー→雑巾がけ
- 平均台→　跳び箱にあがってジャンプ→　横転→　ケンパー→小さいボール2個をかごに投げ入れる→　走る

- 平均台　→　階段を上ってマットにジャンプ　→　前転　→　縄跳び（前跳び5回）　→　走る。
- 平均台　→　階段　→　ジャンプ　→　前転　→　走る　→　スキップ　→　走る。
- 平均台→飛び降り→フープ跳び→かけっこ→スキップ→雑巾がけ→かけっこ。
- 平均台→階段登り→赤い線まで飛び降りる→前転→うつぶせ→
  - →『よーい・ドン』の合図で起きあがって走る→フープで縄跳びのように5回跳ぶ
  - →『よーい・ドン』の合図で走り、赤い線にタッチして戻る。

指示行動

- 太鼓の数の音だけ、お友達と手をつなぎ座る。

- 猛獣狩りに行こうよ。

- 紙コップを高く積む競争をする。

- グループでドミノを使って遊ぶ。

- 体を使って先生とジャンケンをし、あいこと負けた人は座る。最後に2人になったら、その2人でジャンケンをする。2回勝った人は金メダルで、1回勝った人は銀メダル。

- フラフープ・ミニマット・ボール・積み木、縄跳びで自由に遊ぶ。

- なぞなぞ。
  お話を聞いて、そのお話が正しければ〇の先生のところへ、間違っていれば×の先生のところへ行く。

- お玉でボール運び競争。

- リレー。2人で積み木を持って来て指示された場所に置き、次の人にタッチする。

- ジャンケン列車。

カリタス小学校

〒 214 - 0012 神奈川県川崎市多摩区中野島 4 - 6 - 1 ☎ 044（922）8822

絵画制作

- パフェをつくる。あらかじめ色が塗ってあるキウイフルーツ、メロン、イチゴなどを切り取り貼る。アイスクリームは色を塗ってから貼る。穴が 2 か所あいており、綴りひもを通して蝶結びをする。。
  魚釣りの道具をつくる。画用紙をできるだけ細く丸めて、テープで紐をとめ、クリップをつけて釣竿をつくる。
  画用紙に魚の絵が描いてあり、半分に折って線の通りにハサミで切り取る。

- 甲羅、足などのパーツを切り取り、のりで貼ってカメを完成させる。

- 数種類の果物の絵のうち 1 枚に色を塗る。用紙に穴があいているので、紐を通して細結びにする。○の中に
  迷路が書いてあり、★から★まで線で結ぶ。
  次に、○をはさみで切り取り、台紙に書かれたカタツムリの殻の部分にのりで貼る。
  （以上の作業を、持参した新聞紙の上でおこなう。）

- アイスクリームのペンダントをつくる。

  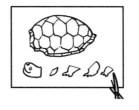

指示行動

[個別テスト]
- プレート構成。7 枚のプレート（三角形、正方形、平行四辺形）を、紙に書かれている絵に置く。

- 短文の読み。ひらがなを読む。「おとうさんが　まいにち　いろいろなことを　しています」

[集団テスト]
- グループで相談して、紙コップをできるだけ高く積む。時間までは崩れても続ける。

- 積み木を高く積む競争。くじを引いて、赤い玉が出たら 2 個積み、白い玉が出たら 1 個積む。

- グループに分かれて、動物カードを使って神経衰弱をする。

- フルーツバスケット。（グループで競争する）

- 足ジャンケン。

- ジェンガを高く積む。

- 本と積み木が用意してあり「自由時間なので、好きな物で遊んでください」と言われる。

運　動

● 左右の机に手をつき、足を持ち上げてキープする。

● ケンパー。

● ソフト積み木を両足で跳ぶ。終わったら体操座りで待つ。

●「アンパンマンマーチ」の曲に合わせて、先生と同じように踊る（3人1組）。

● コーンにロープが渡してあり、3〜4人のグループで声を合わせて同時にジャンプする。

● マット（前転）。

● 跳び箱に登って、ジャンプして降りる。

● 平均台（前歩き）。

● ボールを壁に投げる。

● ボールを持ったままコーンの間をジグザグに走る。ボールを箱に戻したら、ケンケンで列の1番後ろに並ぶ。

洗足学園小学校

〒 213 – 8580 神奈川県川崎市高津区久本 2 - 3 - 1 ☎ 044（856）2964

絵画制作

● 指示されたように絵を塗る。魚は赤で薄く塗り、貝は青で濃く塗る。

● もう 1 枚紙を重ねて、上の 2 つの穴にひもを通して、本を綴じるように蝶結びをしましょう。

● お母さんの顔を描く。

● 穴にリボンを通して蝶結び。

● 台紙に描かれた絵に描き足して、自分の顔を描く。お皿に好きな食べ物を描く。

● 裏面に黄と果物が描かれており、指示されたとおりにクーピーで塗る。（バナナを 3 つ塗りましょう。1 つは濃く、2 つは薄く塗りましょう）

● エプロン制作。おもてに描いてある★を 3 つ選び、クーピーで色を塗る。濃く塗る、薄く塗る等の指示がある。裏側に自分の顔を描き、最後にエプロンになるように、穴にひもを通して蝶結びをする。

● 5 色（赤、緑、黄、茶、黒）のクーピー、ひも、裏表に絵が描かれている画用紙を使用。最初に☆を 3 つ選び、1 つは薄く、1 つは濃く赤のクーピーで塗り、もう 1 つは黄色のクーピーで塗る。裏面に自分の顔の絵を描き、穴にひもを通して蝶結びをする。

● 台紙には上と下に穴が開いているので、鳥が見えるように 2 つ折りにして、両方の穴に通して蝶結びをする。

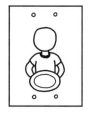 

運　動

- 「頭の上で手をたたいて両足を開く」「歩きながら手を振る」などの
  模倣準備体操。

- 映像を見て☆のマークが出たら、今見た同じ動きをする。屈伸、ジャ
  ンプ、グーパー跳び。

- 右手と左膝をタッチするなど、先生のまねをして体を動かす。だん
  だんと動作が速くなる。

- その場でジャンプしながら手足をグーパー。

- 深呼吸のポーズ。顔の前でゆっくり手をクロスして上げる、開いて
  降ろす。

- 足はグー→パー→グー。手は降ろす→肩→頭の上で手をたたく。

[ジャンケンゲーム]
- 2チームに分かれてドンジャンケン。進んでいくまでに、雑巾がけをしたり手をたたいてジャンプするなど
  の指示がある。赤いボール入った箱のところまで来たら、相手とジャンケンして勝つとボールを1つもらえ
  る。
- かごの中のぞうきんを1枚とり、雑巾がけ→　片足バランス（5秒）→　中央でジャンケン。勝った人がボー
  ルを持ち帰る。

- ケンケンで線まで行き、1回ジャンプ。相手とジャンケンをして、勝ったら赤いタマを持って、歩いてもと
  に戻りカゴへ入れる。負け、引き分けは何も持っていけない。

- お手玉を持って歩く→×印から×印へジャンプ→線の上を歩く→片足でジャンケン。
  あいこや負けの時は、お手玉を置いて終了。勝ったらお手玉を次の人に渡す。

- スキップ　→　線の上を歩く　→　ジャンプ　→　線の上を歩く　→　片足バランスでジャンケン
  ジャンケンに勝ったら赤いお手玉を持って、走ってもどる（次の人にタッチ）。

- 友達とジャンケンする。勝ったら、相手のカードに×を記入。負けたら、相手のカードに○を記入。

指示行動

● グループで相談して、作品をつくる。（この世に無い宝物が入った宝箱、キラキラ棒、サンタクロースになってプレゼントなど）

● グループで大きな紙に、見たことがないような、不思議な魚を描く。

● お店屋さんごっこ。グループで相談してお店を決め、カードにお店の品物を描く。できあがったカードを持って他のグループとやり取りをする。グループでおこなう。緑、白の紙、セロハンテープが用意されている。

● 紙を折り、手で切り、筒をつくる。筒を足にして紙を置き、高く積み上げてタワーをつくる。1グループ4人でおこなう。

● 新聞紙で高いタワーをつくる。新聞紙、白いガムテープ、紙のひもなどを使用。
時間になったらグループでつくったタワーを発表する。発表中に先生がタワーを押したりゆすったりする。最後にみんなでお片づけをする。

● 新聞紙、エアークッション、画用紙、はさみ、クレヨンを使って、「飛ぶもの」をつくる（約15分）。つくったものを飛ばして遊んではいけませんという注意がある。

● 穴の開いた紙を重ね、紐を通して本のようにし、蝶結びをする。

● ブロックで東京タワーをつくる。

● 紙コップを高く積みあげる。

● 折り紙を細長くちぎり、グループで輪つなぎをする。

● 画用紙・クレヨン・ガムテープ・セロハンテープ・はさみを用い、「カブト虫」「恐竜」「新幹線」等の中から、相談して選び、皆で1つの物をつくる。

桐光学園小学校

〒 215 - 8556 神奈川県川崎市麻生区栗木 3 - 13 - 1 ☎ 044（986）5155

● 絵画制作

● 花の蜜を吸っているチョウ、虹、雲、チューリップの葉っぱが描かれた台紙に、クレヨンで色を塗り、折り紙でチューリップを折って貼る。折り紙は全員で練習したあとに、別の紙で折る。ノリは指でつけるため、最後にウエットティッシュで手を拭く指示がある。

● コックさんが料理をしている絵。野菜をハサミで切って貼る。

● 好きな色のクレヨンで塗りましょう。
　ただしヒトデと魚は塗ってはいけません。

● 好きな色のクレヨンで塗りましょう。
　ただしスイカと空は塗ってはいけません。

● お菓子の家の塗り絵。

● クマがフォークとスプーンを持ってプリンを食べようとしている絵。
　先生から塗ってはいけない場所の指示があり、その他の部分をクレヨンで色ぬりする。

● 指示行動

● ジェスチャーゲーム。カードを引いて、描かれている絵をジェスチャーで表現する。

● 体を使ってジャンケン。グー、チョキ、パーのポーズでジャンケンをする。

● 先生とジャンケンし、負けた人は座る（全員参加）。

● ジャンケンゲーム（ジャンケン列車）。

● 風船運びゲーム（4 人グループで）。

● チームに分かれてドミノで遊ぶ。

● グループで積み木で好きなものをつくる。

関東学院小学校

〒 232 – 0002 神奈川県横浜市南区三春台 4 ☎ 045（241）2634

絵画制作

● 折り紙で好きなものを折る。
● 海の様子（イルカ、ヒトデ、魚、貝、イカ、ヤドカリ、サンゴ、岩など）が描かれた絵に、クレヨンで色を塗る。

指示行動

● 太鼓の音を聞いて、その数と同じ人数のグループになる。

● ジャンケンをして勝ち負けによって指示された場所に移動する。

● ドンジャンケン。床のマス目をケンケンで進み、相手に出会ったらジャンケンをする。負けたら列の後ろに並ぶ。

● 歌を歌いながら、ケンパーをして、ジャンケン。勝ったら在校生のお姉さんのところへ、負けたら在校生のお兄さんのところへ行く。

● 蝶結び。

● ビーズ通し（赤白青→青が真ん中になるように通す）。

慶應義塾横浜初等部

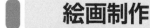

〒 225 － 0012 神奈川県横浜市青葉区あざみ野南 3 － 1 － 3 ☎ 045（507）8441

絵画制作

グループによって出題は異なる。

● 指示通りに紙を折って四角柱をつくる。四角柱ができたら、それを使って海に行って遊ぶ道具を考えてつくる。作業中に「何をつくっていますか」と先生から質問がある。

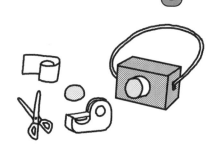

● カメラつくり。薄い長四角の箱と、長方形が書かれた紙が用意されている。黒い線に沿って、長方形を切り、短い筒になるように紙を丸めレンズをテープで留める。用意されたひもを箱にテープで留めて、完成したら首から下げる。

● 動物の帽子をつくる。あらかじめ新聞紙の帽子が用意されており、それにクレヨン、モール、画用紙などで飾りをつける。帽子の型を切ってはいけない約束がある。

● 飛ばすものをつくる。
作業中に先生から「何をつくっていますか」「見たことあるの」「どのように飛びますか」など質問される。机には赤い袋と知り袋が用意されている。赤い袋は材料などを取りに行くときに使い、白い袋はゴミ袋にする。教室の前には折り紙やモールなど材料があり、段ボール箱などは 1 人 1 つ用意されている。作業中に先生より質問がある。

● ジャングルにいる強い動物を倒す道具をつくる。

● 海に行く乗り物をつくる。

● お芝居の登場人物を、画用紙を使って自由につくりましょう。クレヨン、ハサミ、のり、セロハンテープ、画用紙、割り箸、折り紙、モールなどを使う。制作中に、「何をつくっていますか」「どんな工夫をしましたか」「どのように遊びますか」などの質問をされる。

● クレヨン、はさみ、のり、筒、折り紙、ストロー、紙コップ、画用紙を使って「動くもの」をつくる。自分のマークのテーブルでつくる。必要な材料は、カバンを持って取りに行く。途中で何をつくっているのか質問される。

● 粘土。
　カラー粘土（赤、青、黄、緑、白、茶など）でつくる。
　山に行くという設定で、持っていくお弁当の中身をつくり、
　プラスチックケースにつめる。
　山の上に登ったら、何が見えましたか。つくってみましょう。
　（先生から「これは何ですか」と質問あり）

指示行動

● 紙でつくった巨大なバスに、みんなで飾りつけをする。（紙皿、色画用紙、プラスチックカップ、モールなどが用意されている）
　カメラを持ってバスに乗り、終点まで行ったらそこで写真を撮る。自分たちでどこに行きたいか場所を考えて、それに合う飾りつけをする。
　※太鼓をつくり（個人）、その後集団でおみこしの飾りつけをしたグループもある。

● 制作でつくったものを使って遊ぶ。帽子をかぶり、5人1グループで何の動物をつくったかヒントを出してそれを当てる。そのあと、「氷オニ」「だるまさんがころんだ」などで遊ぶ。

● 発射台を使って、玉入れカゴに飛ばすゲームをする。

● 制作でつくった登場人物を使って、グループでお話を考える。お話ができたグループは、先生が個別にチェックする。

● おはじき、ブロック、折り紙、本、だるま落とし、積み木、こま（ひもでまわす）の中から、好きなもので自由に遊ぶ。

● 探検ごっこ。制作でつくったものを使って、グループで遊ぶ。
　先生から「これから探検に行きましょう。」と言われ、教室を移動する。「ここはまだ誰も来たことのない場所です。何がいるのかわかりません。」と言われて探検を開始。

運　動

- 模倣体操。両足を少し開いて立ち、体を左右に倒す。腕を伸ばしたまま、左手は左足に、右手は右足につくように2呼間ずつ横に倒す。その後、両手を上にあげバンザイのポーズを2呼間、そして次の2呼間は片足バランスをする。計8呼間を繰り返す。次に卵のポーズ（しゃがんで体を丸めて小さくなる）をし、卵の中から恐竜が出てくる様子をおこなう。好きな恐竜になっていろいろなところへ行き、再び卵（始めと同じ姿勢）にもどる。
その後、音楽に合わせて指の屈伸をする。5本の指を順番に折っていき、そして起こしていく。

- 先生のお手本を見てラジオ体操。
- 横や後方への屈伸。飛行機バランス。
- 動物のまねをする。
- 大きな動物のポーズ（自由に）。そのポーズで逃げる。
- 両足をそろえてジグザグジャンプ。
- グーパー。横にケンケン。
- 横転。
- 横向きギャロップ。

[連続運動]
- 青マットからスタートして、コーンをまわるまでダッシュ。そのあとマットを横転。次にクマ歩き。2本の線の川を飛び越えて、3本のスポンジ棒を取り、それをできるだけ遠くに投げて、赤マットにゴールする。
- スタートからコーンまで走って折り返し。→平均台をのぼりジャンプ→床に置かれた梯子を両足ジャンプ。前に3つ進み、1つもどるをくりかえす→コーンについている棒をくぐる→マットでブリッジ（3秒）
- 幅跳び　→コーンをまわる　→反復横跳び　→走る
- 自分のマークのところから、台の所まで走っていく。台の上の箱からボールをとり、白いボールだったら進む。他の色が出たときは、白が出るまでおこなう。平均台を渡って、跳び箱、コーンをジグザグに走り、赤いマークで止まる。「いいですよ」と言われたら元の位置に戻る。
- 走る→　コーンにタッチ→　平均台→　コーンの間をジグザグ走り→　ケンパー。
- グループごとに的当て。ペットボトルや三角コーンに3色の鬼の絵が描かれていて、指示されたところからお手玉が無くなるまで投げて、たくさん鬼を倒したチームが勝ち。
- クモ歩き → 全力で走る → コーンをまわる → 平均台（前歩き、カニ歩き）→ 跳び箱 → お手玉を3つ投げる → ゴール。

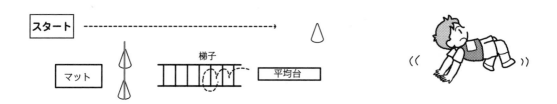

精華小学校

〒 221 − 0844 神奈川県横浜市神奈川区沢渡 18 ☎ 045（311）2963

絵画制作

● 画用紙に描かれた形を使って、絵を描く。

● 続きの絵。ネズミさんの誕生日のお話を聞き、続きの絵を描く。

● ウサギがピクニックに行っているところを絵にするように指示される。

● 線画。○○の形を使って絵を8個、鉛筆で描く。

● ひまわりが咲いている花壇の周りをウサギが走っています。この話に合う絵を描きましょう。（床に座り画板でおこなう）

指示行動

● 10人ぐらいのグループに分かれてドミノ倒しをする。

● 6枚のカード（ウサギが、料理・掃除・ダンス・穴掘りなどをしている）を記憶し、ウサギが何をしていたかを口頭で答える。

● ウサギが主人公になっているカードを4枚ほど見せられたあと、4枚のカードを順番に並べ、お話をつくる。

● 5人1組でパターンブロックを高く積む競争。終わったら、片付けも競争でおこなう。

● 四隅に穴のあいている折り紙を4等分に折り、穴にひもを通す。「やめ」と言われるまで続ける。

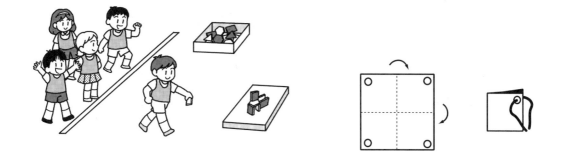

運　動

- 模倣体操。指を順番に折る。

- 線の上に立ち、体の向きを変えずにその場でケンパー。

- ボールを投げあげながら歩く。

- 太鼓の音にあわせて体を動かす。

- 黄丸から赤丸にジャンプ→指示された色の玉を持って青丸まで行き、同じ色の箱に入れる→次の黄丸まで行き赤丸にジャンプ→ゴムを跳んでくぐる。

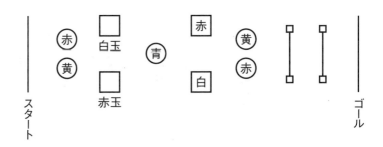

- コーンのところまでクモ歩きをし、そこから戻ってくるときはアザラシ歩きをする。

- ピンポン球を箱のところまで運び戻ってくる（5回繰り返す）。

- 太鼓の音に合わせて、前後に両足ジャンプ。

- 3cmくらいの高さのゴムを、両足跳びでジグザグに前へ進んでいく。

桐蔭学園小学校 （2020年度より校名変更）

〒 225 – 8502 神奈川県横浜市青葉区鉄町 1614 ☎ 045（972）2221

指示行動

[個別テスト]

● 先生が折った通りの折り方で画用紙を折る。

● 本をプラスチックケースに片づける。

● 雑巾を絞って干す。

[集団テスト]

● コップを高く積む競争をする。

● 縄跳びを跳び越える。

● グループごとに色のついた帽子を被り、ボーリングをする。みんなで相談して、倒れたピンを直す人、投げる人、ボールを拾いに行く人などの役割分担をする。

● 自由遊び。フープ、輪投げ、塗り絵、バトミントンなどで自由に遊ぶ。グループで話し合い、みんなで同じ遊びをする。遊びを変えるときは相談して決める。

● 輪投げ、折り紙、積み木で自由に遊ぶ。

● ぬり絵、ブロック、本で自由に遊ぶ。
※「遊びましょう」のかけ声で遊び始め、「終わり」のかけ声で片づけを始まる。

森村学園初等部

〒 226 - 0026 神奈川県横浜市緑区長津田町 2695 ☎ 045 （984） 2509・2519

絵画制作

グループによって出題は異なる。
● 塗り絵。指示の通り色を塗る。

　画用紙の線の通りに切り、絵のスイカの欠けている部
　分をつくって貼る。
　クマの耳を指示の通りに塗る。
　指示された場所に蝶々を描く。
　クマの周りに絵を描き足す。

● 画用紙に描かれた形を切り取り、指示された色で塗り、貼り合わせて家をつくる。

● ライオンをつくる。
● 電車、線路、駅をグループで相談してつくる。
● 海の絵を指示に従って仕上げる。ハサミ、ノリ、クレヨンを使用。
　①点線のところで紙を折り、線を切ってタコの足を 8 本つくり、ノリで貼りましょう。
　②右のワカメを黄緑で塗りましょう。
　③岩の上に魚を 3 匹描きましょう。

● 青い紙、ビニールで池をつくり、白い紙に魚を描いて口にクリップをつける。
　その後、4 人 1 組で魚釣りをする。

● 水族館か動物園のうち、つくりたい方のグループに行き、相談してつくる。
　（他にピザをつくったグループもある。）
　2 つのグループに、クレヨン、はさみ、のりは 2 つずつで、セロテープは 1 つ。他に、折り紙、白・桃・赤
　の画用紙を使用。

指示行動

グループによって出題は異なる。

● 自由遊び。輪投げ、ボーリング、ブロック、すごろく、トランプ、フープなどで自由に遊ぶ。（4人グループでおこなう）

● 1人ずつ積み木をつくる。つくった積み木を使って、グループで相談して好きなものをつくる。

● 4～5人のグループでパズルをつくり。大きめの画用紙に描かれた船の絵の色を塗ったり、絵を書き足したりしたあとで、はさみで切りパズルにして遊ぶ。

● 模造紙にクレヨンで描いたり、折り紙をのりで貼ったりして遊園地の絵を描く。中央に何を描くか、相談して決める。

● 段ボール、画用紙、クレヨンなどを使い家をつくる。

● サイコロを振って、出た目の質問に答える。
　（1）今食べたい物　（2）好きな乗り物　（3）好きな色　（4）好きな話
　（5）将来何になりたいか　（6）好きな遊び

横浜雙葉小学校

〒 231 − 8562 神奈川県横浜市中区山手町 226 ☎ 045（641）1628

絵画制作

● 絵本つくり。線に沿って絵を切り抜き、お話の順番を考えながら台紙に貼っていく。台紙には穴が 2 つ開いていて、モールを通して冊子にする。

● 輪つなぎ。色や数の指示がある絵カードを見て、後方のテーブルから折り紙を自分で取ってくる。その際、各色 5 枚ずつ持ってきて、カードにあった色の順番に繰り返しつなげていく。カードにはマークがついていて、そのマークと同じ机で立ったまま作業する。つくり終わったら、かごに入れるように指示がある。

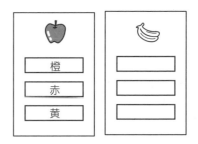

● 指示に従って「ふたばちゃん」をつくる。はさみ、のり、えんぴつ、折り紙を使用。
　顔を描きましょう。
　とんがり帽子をつくって貼りましょう。
　ズボンは折り紙を同じ形に切って貼りましょう。
　カバンに模様を描きましょう。
　ふたばちゃんの顔と同じ大きさのボールを折り紙でつくりましょう。
　それを右手に持たせましょう。

● お手本（袋に入っていてさわれない）と同じ金魚をつくる。大きさの違う赤い 4 枚の丸の形の折り紙をスティックのりで白画用紙に貼っていき白と黒のシールで目を付ける。

● 箱つくり。
　展開図をはさみで切って箱をつくる。

● キャンディーづくり。
　新聞を丸めて折り紙で包み、キャンディーの形をつくる。見本を見ながら、ふたばちゃんのワンピースをつくる。

● 紙を切って洋服をつくる。

● フェルトのボタンをひも通ししてつける。

運　動

● かけっこ。4色のコーンを決められたやり方でまわる。

● 歩く。ビーンバッグを持ちながら首を回して歩く。

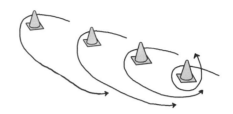

● 片足立ち―ジグザグ跳び。ビーンバッグを頭にのせて、
マットの上で片足立ち（5秒）。床にビーンバッグを置き、
白フープの中から2本の線を越えるように、両足でジグ
ザグ跳び。青と桃の丸い板を持って線上を左右に動きなが
ら進む。待っている子はビーンバッグで自由に遊ぶ。

● お手玉キャッチ→　首をまわしてコーンまで歩く。
● 片足バランス（5秒）。
● リレー。
● 行きはクマ歩き、帰りはケンケン。
● 両腕を交互に前に回す。帰りは後ろ向きで、後方に腕を回す。
● フープ跳び。

● ケンパーで進み、帰りは赤丸を踏
まずにケンケンでもどる。

● 紙風船を自分でふくらませ、「やめ」の合図があるまで上につく。

● ボールを曲に合わせて上にあげる。
● 決められた線より、ドッジボールを壁に向かって投げキャッチする。（2回）
● お手玉を床に置き「やめ」と言われるまで左右に両足跳びをする。
●「お手玉を持って5歩進んだところで、お手玉を5回投げあげる」を2回行い、その後指示
通りコーンをかけっこでまわって戻る。

● ボール運動。
先生の笛の音に合わせて、「その場でドリブル」、「体を左右に動かしながらドリブル」、「上に投げてキャッチ」
などをおこなう。

● 壁に白い線があり、線より上に投げてワンバウンドでキャッチ。
● 壁に向かって転がし、帰ってきたボールをキャッチ。

指示行動

- 町づくりとお話づくり。地図の描かれた紙とカードの入った袋が用意されている。グループで相談して、袋の中から3枚のカードを選ぶ。地図上の空き地3か所に、相談して緑色のクーピーで絵を描き、選んだカードに書かれている登場人物が、地図を移動していくお話をつくる。

- 自由遊び。ボーリング、フリスビー、けん玉ドミノ、輪投げ、魚パズル、積み木、フラフープ、ミニバスケットなどで自由に遊ぶ。
  体育館で、ボール、フリスビー、フラフープなどを使い自由に遊ぶ。
  教室で、ボーリング、的当て、魚釣り、パズル、積み木などを使い自由に遊ぶ。

- 5～6人のグループでおはじきをはじいて、円のなかに入れるゲーム。
  最初に相談して動物を2種類選び、シールをおはじきに貼る。棒を使い円のなかに2個のおはじきを先に入れたチームが勝ち。負けたチームは相手チームの動物のまねをする。

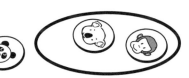

- 中が見えない袋の中にカードが入っていて、カードには「体操をする」「歌を歌う」「おもしろい顔をする」「動物のまねをする」などの指示の絵が描かれている。順番にカードを引き、皆で引いた子が決めたポーズをまねたり、歌を歌ったりする。カードの裏面はパズルになっていて絵を合わせてパズルをつくっていき完成したら終了する。（5人グループで行う。）

- ドッジボール（10人くらいのグループ）
  カラー帽子でグループ分けをして、2つのコートに分かれて入り、外野にいる先生が投げるボールに当たらないように逃げる。ボールに当たってしまったら、相手チームのコートに移り、また当たったら元のチームのコートに戻る。

- すごろく（5～6人のグループ）
  ハートや星などが描かれているカードを出し合って、その絵の数をだけコマを進める。「動物のところでとまったら、その動物の鳴きまねをする」、「音符のマークでとまったら、みんなで歌を歌う」などの約束がある。

- 教室で仲良くなりたい子に声をかけ、シートの上で正座してお弁当を食べる。

[親子遊び]　※面接時におこなう。
- 親子3人でカードゲーム。15枚のカードの中から連想ゲームのように、関連するカードを3人で1枚ずつ順番に出していく。置けたら子どもが説明する。

湘南白百合学園小学校

〒 251 − 0035 神奈川県藤沢市片瀬海岸 2 − 2 − 30 ☎ 0466（22）0200

絵画制作

- 「男の人の絵」を鉛筆で描く。消しゴムは無いので、ゆっくり丁寧に描きましょう。
- 「自分の絵」を鉛筆で描く。
  消しゴムはないので、ゆっくり丁寧に描きましょう。

運　動

- 「さんぽ」の曲に合わせて模倣体操。

- 離れている先生のところまでケンケンで行き、ジャンケンをする。勝ったら赤、負けたら青、あいこのときは黄色のマグネットを持ち帰り、カゴに入れる。同様にスキップやかけっこでもおこなう。

- 縄跳びで指示された回数を跳んだら、次のお友達にタッチ。指示された回数だけボールをついたら次のお友達にタッチ。

指示行動

- タオルをたたんでカゴに入れましょう。

- 20 人ぐらいのグループを 2 つに分けて、ドンジャンケン（平均台を速く走る）。

- 自由遊び。図書館の中で本を読む以外は、的当て、輪投げ、トランプ、カルタ、折り紙、人形、ままごと、風船などで自由に遊ぶ。

- 先生が指示したものを持ってくる。指示はそれぞれ異なる。
  「粘土で遊ぶときに必要なものを 2 つ持ってきてください」
  「歯ブラシを 2 本持ってきてください」
  「うがいをしたいので、使うものを持ってきてください」 など。

● 先生がお手本を見せ「同じようにやりましょう」と言われる。歩いて先生のところへ行きジャンケンをする。平均台を歩き、先生としたジャンケンで勝ったなら赤いボール、負けなら青いボール、あいこなら白いボールを取り、カゴに投げ入れる。

● 先生から何のカードを持って行くか指示を聞き、(例…ゾウのカードを持って行きましょう)階段を数段登った所にあるカードを取り、歩いてもう1人の先生の所に渡しに行く。

● コーンの前にイスがあり、1対1で先生とジャンケンをする。
勝ったときは赤、負けたときは青、あいこのときは黄のイスに座る。イスの背もたれの後ろに絵が貼ってあり、それぞれの絵で決められた品物を持って先生の所へ行く。
(例)ゾウ→縄跳び、うさぎ→絵本など。

湘南学園小学校

〒251-8505 神奈川県藤沢市鵠沼松が岡4-1-32☎0466(23)6613

絵画制作

● お手本と同じ図形を描く。

運　動

● ケンパー→平均台→ジグザグ走り→ボールの遠投
● 平均台→　ケンパー→　ドリブルでコーンをまわる。

● クマ歩き、くねくね走る（コーン）、鉛筆ゴロゴロ、平均台、ケンケンでゴール。

指示行動

（20人位のグループでおこなう）
● グループに分かれて輪つなぎ競争。用意された短冊形の紙をノリやテープでとめて輪にしてつなげ、長さを競う。同じ色を続けてつなげてはいけない約束がある。

● 魚釣りゲーム、ラジコンなどで自由に遊ぶ。

● 自由遊び。
　プラレール、人形、ブロックなどで自由に遊ぶ。

● 体操服をたたんで袋に入れてロッカーにしまう。
● 棚にある本を持ってくる。
● 絵（電車の中の様子）を見て質問に答える。
　「電車の中でやってはいけないことは何ですか」、「それはどうしてですか」

江戸川学園取手小学校

〒 302 － 0032 茨城県取手市野々井 1567 番地 3 ☎ 0297（71）3353

絵画制作

● クマが風船を持っている絵。風船に好きな色で塗る。

● 三角形に好きなように模様を描き、色塗り。それを切り取り、船の絵にノリで貼る。まわりに海の絵を描く。

色塗り
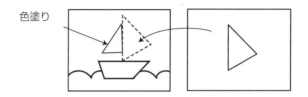

［気球］

● 3 色の好きな色を使って、バルーンを塗り、ハサミで切ります。それを台紙の点線枠のところに貼ります。
　かごとつなぐ線を描き足す。ここまで終わったら、かごのなかのクマやかごを塗ったり、周りに絵を描く。

［旗］

● 割りばしを指示された線に合わせて置き、テープで留める。巻きつけるように線のところで折り、再びテープで留める。緑のクーピーで星を塗り、裏面には青い○△□の形を貼る。「世界に 1 つだけの旗をつくりましょう」という指示のため、形は好きな形を好きな枚数使い、クーピーで絵を描く。

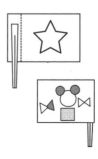

[もみじ]

● 台紙に描かれた木を、クーピーで塗る。別紙にすでに描かれているもみじ3枚を、2色以上使って好きな色で塗る。次にもみじの葉をはさみで切り取り、ノリで貼る。

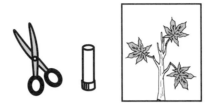

[ぶどう]

● 葉1枚と実3つ描かれた紙に、紫色の丸い折り紙をのりで貼り、葉はクーピーで色を塗る。その他に実や枝を書き足す。

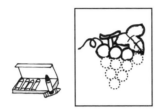

[クリスマスツリー]

● 緑色の紙を線の通りにハサミで切り、台紙に貼る。木のところは茶色のクーピーで塗り、白の枠のなかに飾り付けの絵を描く。その他にいろいろ書き足す。

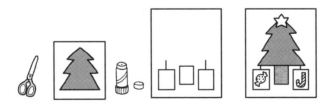

● ○が描かれた画用紙に、3色の花びらの形の折り紙6枚を隣に同じ色がこないように貼り、周りにクーピーで絵を描く。

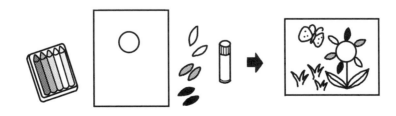

運　動

- 準備体操。首、手首、足首まわし。、屈伸、片足立ち、ケンケン。
- ボールをつきながら進み、壁にボールを投げる。当たったボールをキャッチして走って戻る。
- クマ歩き→走る。
- ケンケンパー。
- スキップ。

- 先生と同じように片足跳びや片足立ち、両手を床について
  両足を上に高く飛びあげる。

- ギャロップ。途中で向きを変える。

- ジャンプ（笛1回でジャンプしながら1回転、笛2回で
  2回転する）。

- 3回ジャンプした後に1回転をして正面を向く。

- 3人で手をつなぎ、コーンをまわって丸いバトンを反対側で待っているお友達に渡していく。

- 前後左右に4色のコーンが置かれている中央に立ち、太鼓の音2回の後の先生の出す色指示の方にジャンプ。

指示行動

● 段ボールを積み上げて鬼をつくる。顔が描いてある箱が１つある。できあがったらみんなで相談してボール
を投げる人、ボールを拾う人などを決め、ボールを当てて鬼退治をする。

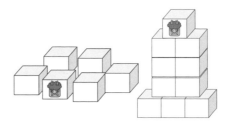

● お友達と相談して、ボールを投げる係、バケツを持つ係を決めて、順番にキャッチボール。

[自由遊び]
● グループごとに、何で遊ぶか、どういうルールにする
か相談して決める。途中で遊びを変えてもよい。
①風船（６個）
②ボーリング
③輪投げ
④的当て

● ５人グループで、みんなで手をつなぎ輪をつくる。そのまま
風船を落とさないように上に打つ。頭でヘディングするのは
良いですが、足でキックしたり、手を離してはいけない約束。

● 15人位のグループで、皆で相談して２重丸の形をつくる。

開智望小学校

〒 300 － 2435 茨城県つくばみらい市筒戸字諏訪 3400　☎ 0297（38）6000

絵画制作

● 紙を線に沿って切り、いも虫をつくる。できたあと、ストローでいも虫を吹き、動いたところに×印をつける。
● 紙を三角錐に丸めコーンをつくり、新聞紙をまるめて中身のアイスをつくる。紙テープでつないで留める。制作が終わったあとは、ゴミ箱にゴミを捨て、道具を元の場所に返す。
● 紙コップ、モールなどを使って、首振りヒヨコをつくる。

運　動

● 連続運動。ポールをジャンプ、次にくぐる→フープの中でポーズ→片足立ち 10 秒→かごの中から雑巾をとり、雑巾がけ→ボール（大、中、小 3 種）を的の輪に入れる。
● ボールつき 10 回。途中で失敗しても、続きからまた始める。
● フープからフープまで長縄の上を歩き、ゴールでポーズ。
● マットであざらし歩き。
● ケンパー。
● 足にボールをはさんで、上げ下げ。
● ボールを転がす。
● ボールを先生に投げる。
● クマ歩き。

指示行動

● 水の入ったペットボトルやピンポン玉を、段ボール、おたまなどを使って運ぶ競争。
● パターンブロックを使って、グループで相談（2 分）して、動物をつくる（5 分）。
● パターンブロックを使ってドミノ。赤線から黒線までつなげる。
● 紙コップを高く積み上げて、タワーをつくる。

つくば国際大学東風小学校

〒 302 − 0110　茨城県守谷市百合ヶ丘 1 丁目 4808-15　☎ 0297（44）6771

絵画制作

● お手本と同じように鉛筆で描きましょう。それを使って自由に絵を描きましょう。

運　動

● 平均台を、手を広げて歩いて渡る。
● 平均台、マットが迷路のように並んでいるところを、指示の通りに進んでいく。
　「くま（4 つ足）」→「ひと（2 足）」→「うさぎ（ぴょんぴょん）」→ でんぐり返し。
● マットで前転。
● ウサギ跳び。
● ボール投げ。フープが 3 つ貼ってある的に投げる。
● 太鼓の音の種類に合わせて、コーンの間を「走る」「スキップ」「止まる」。
● スキップ、歩く、走る、止まる。
● ラインの上を歩く
● かけっこ（2 人ずつ）

指示行動

グループに分かれておこなう。
● ボーリング。
● みんなで相談して、積み木を使って好きなもの（お城、車など）をつくる。

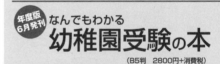

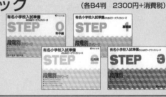

Contents
「パーフェクト過去問題　**行動観察**」さくいん

【あ】青山学院初等部（渋谷区）……………… 55

【え】江戸川学園取手小学校（取手市）……… 152

【お】お茶の水女子大学附属小学校（文京区）……… 4

　　小野学園小学校（品川翔英小学校）（品川区）…… 41

【か】開智小学校（総合部）（さいたま市）……… 122

　　開智望小学校（つくばみらい市）……… 156

　　学習院初等科（新宿区）……………… 38

　　カリタス小学校（川崎市）…………… 131

　　川村小学校（豊島区）………………… 83

　　関東学院小学校（横浜市）…………… 137

【き】暁星小学校（千代田区）……………… 25

【く】国立学園小学校（国立市）…………… 106

【け】慶應義塾幼稚舎（渋谷区）…………… 57

　　慶應義塾横浜初等部（横浜市）……… 138

【こ】光塩女子学院初等科（杉並区）……… 69

　　晃華学園小学校（調布市）…………… 103

　　国府台女子学院小学部（市川市）…… 117

【さ】埼玉大学教育学部附属小学校（さいたま市）…… 21

　　さとえ学園小学校（さいたま市）…… 125

【し】淑徳小学校（板橋区）………………… 88

　　湘南学園小学校（藤沢市）…………… 151

　　湘南白百合学園小学校（藤沢市）…… 149

　　昭和学院小学校（市川市）…………… 114

　　昭和女子大学附属昭和小学校（世田谷区）……… 47

　　白百合学園小学校（千代田区）……… 28

【せ】精華小学校（横浜市）………………… 141

　　聖学院小学校（北区）………………… 85

　　成蹊小学校（武蔵野市）……………… 89

　　成城学園初等学校（世田谷区）……… 46

　　聖心女子学院初等科（港区）………… 33

　　聖徳大学附属小学校（松戸市）……… 120

　　星美学園小学校（北区）……………… 87

　　西武学園文理小学校（狭山市）……… 128

　　洗足学園小学校（川崎市）…………… 133

【ち】千葉大学教育学部附属小学校（千葉市）…… 24

　　千葉日本大学第一小学校（船橋市）……… 118

【つ】筑波大学附属小学校（文京区）……… 10

　　つくば国際大学東風小学校（守谷市）…… 157

【て】田園調布雙葉小学校（世田谷区）…… 49

【と】桐蔭学園小学校（横浜市）…………… 143

　　東京学芸大学附属大泉小学校（練馬区）…… 18

　　東京学芸大学附属小金井小学校（小金井市）…… 19

　　東京学芸大学附属世田谷小学校（世田谷区）…… 17

　　東京学芸大学附属竹早小学校（文京区）…… 15

　　東京女学館小学校（渋谷区）………… 52

　　東京創価小学校（小平市）…………… 110

　　東京都市大学付属小学校（世田谷区）…… 51

　　桐光学園小学校（川崎市）…………… 136

　　桐朋学園小学校（国立市）…………… 107

　　桐朋小学校（調布市）………………… 101

　　東洋英和女学院小学部（港区）……… 35

【に】新渡戸文化小学校（中野区）………… 66

　　日本女子大学附属豊明小学校（文京区）…… 42

【ひ】日出学園小学校（市川市）…………… 111

【ふ】雙葉小学校（千代田区）……………… 31

【ほ】星野学園小学校（川越市）…………… 121

【み】明星学園小学校（三鷹市）…………… 93

【む】武蔵野東小学校（武蔵野市）………… 92

【め】明星小学校（府中市）……………… 104

【も】森村学園初等部（横浜市）………… 144

【よ】横浜雙葉小学校（横浜市）………… 146

【り】立教小学校（豊島区）……………… 71

　　立教女学院小学校（杉並区）……… 67

【わ】早稲田大学系属早稲田実業学校初等部（国分寺市）…… 94

パーフェクト過去問題
行動観察

2020年1月20日　初版第1刷発行

発　行
桐杏学園出版

発　売
(株)市進
〒272-0021 千葉県市川市八幡3-27-3
電話　047-704-1026
FAX　047-704-1028

印刷所　　(株)エデュプレス
イラスト　吉川 美幸
　　　　　あたらし れい
　　　　　花島 光子